汽车加气站经营企业安全风险防控手册

应 急 管 理 部 干 部 培 训 学 院
中 国 海 洋 石 油 集 团 有 限 公 司　组织编写
中海石油气电集团有限责任公司

U0913394

应 急 管 理 出 版 社
· 北　京 ·

图书在版编目（CIP）数据

汽车加气站经营企业安全风险防控手册 / 应急管理部干部培训学院，中国海洋石油集团有限公司，中海石油气电集团有限责任公司组织编写. -- 北京 : 应急管理出版社，2024. -- ISBN 978-7-5237-0749-4

Ⅰ. U491.8-62

中国国家版本馆 CIP 数据核字第 2024B6T977 号

汽车加气站经营企业安全风险防控手册

组织编写 应急管理部干部培训学院 中国海洋石油集团有限公司
中海石油气电集团有限责任公司
责任编辑 胡 畔 孟 琪
责任校对 李新荣
封面设计 王 滨

出版发行 应急管理出版社（北京市朝阳区芍药居 35 号 100029）
电　　话 010－84657898（总编室） 010－84657880（读者服务部）
网　　址 www. cciph. com. cn
印　　刷 海森印刷（天津）有限公司
经　　销 全国新华书店

开　　本 710mm×1000mm 1/16 **印张** 8 **字数** 96 千字
版　　次 2025 年 4 月第 1 版 2025 年 4 月第 1 次印刷
社内编号 20240844 **定价** 32.00 元

编审委员会

前　　言

液化天然气（简称LNG）和压缩天然气（简称CNG）汽车加气站（简称加气站）是燃气清洁能源供应的重要基础设施，其安全运营直接关系到人民群众的生命财产安全和社会的和谐稳定。加强加气站的安全风险防控，提高经营企业的安全管理水平意义重大。

党中央、国务院高度重视城镇燃气安全生产工作，习近平总书记先后作出一系列重要指示批示，强调要切实保障人民群众生命和财产安全。国务院安全生产工作委员会专门部署开展全国城镇燃气安全专项整治工作。2023年12月，中共中央党校（国家行政学院）、应急管理部、住房和城乡建设部、商务部、国家市场监督管理总局和国家消防救援局联合举办了全国城镇燃气领域落实安全生产主体责任视频培训班，以“知敬畏、明责任、控风险、提能力”为主题，一次性培训全国城镇燃气领域企业主要负责人1.85万人，有力提升了城镇燃气领域企业“第一责任人”安全风险防控意识和安全管理能力。遵照中央领导在全国城镇燃气领域落实安全生产主体责任视频培训班总结报告上的批示要求，应急管理部干部培训学院联合有关企业和中国城市燃气协会，牵头组织编制系列培训教材，共建城镇燃气安全生产网络学院，打造常态化燃气安全教育培训学习阵地，持续为燃气行业提供安全教育培训资源和服务。

本书为应急管理部干部培训学院牵头编制的《全国城镇燃气领域安全生产培训系列教材》之一，中国海洋石油集团有限公司作为第一主编单位，联合中海石油气电集团有限责任公司、中国石油化工股份有限公司、中石油昆仑能源有限公司、华润燃气控股有限公司、北京市燃气集团有限责任公司、北京吉利石油产品服务有限公司等单位共同编写完成。

本书旨在为加气站经营企业提供一个全面、系统的风险防控框架，帮助和指导有关企业切实做好安全风险识别、评估、管控和应急处置等工作。全书共分九章，包括加气站基础知识、风险辨识、设备设施管理、作业及运行风险管理、消防安全管理、应急准备、变更管理、事故事件管理、典型事故案例与安全管理良好实践。

本书编写过程中，我们广泛征求了业内专家和企业管理者的意见和建议，力求使内容更具针对性和实用性。在此特别感谢孙明烨、张瑞华、孟琪、李春青、于燕平、叶红超、宋玉江、付强等资深专家的辛勤审校。

衷心希望通过本书的推广和应用，推动加气站经营企业不断提升安全管理水平，减少安全事故的发生，为保障人民群众的生命财产安全和社会的稳定发展作出积极贡献。恳请广大经营企业在使用本书的过程中，能够结合实际情况灵活运用，确保安全风险防控工作持续有效。同时，我们也欢迎各位专家、学者和从业人员提出宝贵的意见和建议，以便我们不断完善和更新相关内容，共同推动加气站安全管理水平不断进步。

本书编审委员会

2024 年 12 月 2 日

目　　录

第一章

加气站基础知识

本章简要介绍加气站类型、构成系统的设备设施及主要工艺流程等基础知识。

一、加气站类型

根据加注燃气类型的不同，加气站一般分为液化天然气（简称LNG）加气站和压缩天然气（简称CNG）加气站。

（一）LNG加气站

LNG加气站是具有LNG存储设施，使用LNG加气机为LNG汽车储气瓶充装车用LNG的场所。LNG加气站从布置方式上可分为以下两类。

1. 撬装式LNG加气站（图1-1）

撬装式LNG加气站是将LNG储罐、加气机、管道、泵池、气化器等LNG设备全部或部分装配于一个撬体（即刚性底架，可带箱体）的提供燃料加注服务的站点。

2. 固定式LNG加气站（图1-2）

固定式LNG加气站是将加气机、管道、泵池、气化器等LNG设备全部平铺安装在地面，从而提供燃料加注服务的站点。

（二）CNG加气站

CNG加气站是专门为压缩天然气汽车提供燃料加注服务的站点。

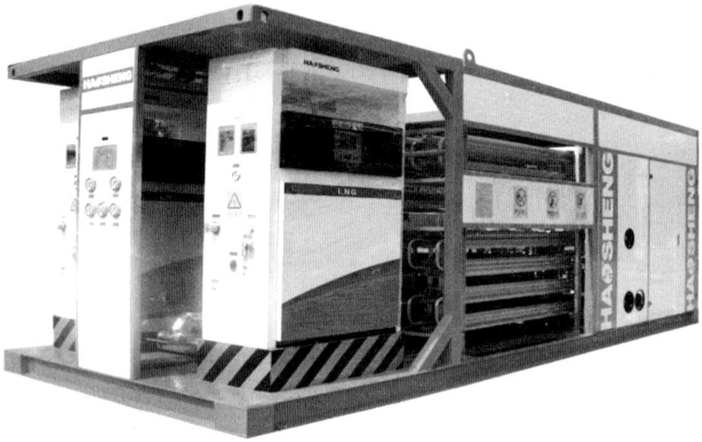

图 1－1　撬装式 LNG 加气站

图 1－2　固定式 LNG 加气站

它是将天然气从气源通过压缩等工艺处理后，以高压气态的形式储存并提供给天然气汽车的场所。CNG 加气站从气源情况上可分为 CNG 标准加气站、CNG 加气母站、CNG 加气子站三类。

1. CNG 标准加气站（图 1－3）

CNG 标准加气站是直接从天然气管网中取气，经压缩机压缩后输入储气装置，从而提供燃料加注服务的场所。

图 1－3　CNG 标准加气站

2. CNG 加气母站（图 1－4）

CNG 加气母站是指在站外天然气管道取气，经过工艺处理并增压后，通过加气柱给服务于 CNG 加气子站的长管拖车或管束式集装箱提供燃料加注服务的场所，主要为 CNG 子站供气。

3. CNG 加气子站（图 1－5）

用 CNG 长管拖车或管束式集装箱运进 CNG 加气子站，通过加气机为汽车 CNG 储气瓶充装 CNG 的场所。CNG 子站又可分为 CNG 压缩子站和 CNG 液压子站，且两种类型的子站工艺有所不同。

二、设备设施

根据汽车加气站的类型不同，对应设备类型也有所区别；本节将对 LNG 加气站设备设施及加气站通用设备设施进行系统梳理。

图 1－4　CNG 加气母站

图 1－5　CNG 加气子站

（一）LNG 加气站设备设施

1. 储罐

储罐是 LNG 加气站内用于储存液化天然气的钢制容器。通常 LNG 储罐操作压力≥100 kPa，存储温度约为 -162 ℃。主要分为立式和卧式双层金属罐，加气站常用 LNG 的单罐储罐容积一般为 60 m^3。

2. LNG 潜液泵

潜液泵是将低温的液体介质从压力低的地方输送至压力高的地方的泵类设备。潜液泵通常由泵、夹套、电机三个部分组成。LNG 加气站中的潜液泵作用通常是将 LNG 从 LNG 储罐中抽取并增压送至加气机。LNG 潜液泵属于低温浸没式离心泵，通常需要做保冷处理，避免因温度过高导致泵内低温液体大量气化，从而影响泵的正常运行。

3. 卸车增压气化器

卸车增压气化器是一种用于 LNG 槽车卸载作业的设备，主要作用是将液态的气体通过吸收热量转变为气态，从而增加运输车辆内的压力。这使得液态气体能够依靠压力差，顺利地从运输车辆卸载到储存设施中。

4. 储罐增压气化器

储罐增压气化器是将储罐中的液态天然气转化为气态天然气，并提高储罐运行压力。LNG 加气站的储罐增压气化器通常为空温式。

5. 安全放散气体（EAG）加热器

安全放散气体（EAG）加热器是专门用于 LNG 加气站安全放散时，对放散的低温天然气进行加热的设备。低温天然气放散温度不宜低于 -107 ℃，因为放散温度过低时，低温天然气会向下积聚，与空气混合形成可燃性爆炸物。因此 LNG 在安全放散时，必须经过安全放散气体（EAG）加热器加热后才能引至高空放散。

6. LNG 加注机

LNG 加注机是用于给 LNG 车辆加注燃料，并带有计量、计价装置的专用设备，也称加气机、加液机。主要由低温截止阀、质量流量计、低温球阀、电磁阀、低温止回阀、低温安全阀、拉断阀、低温软管、加液枪/枪座、回气枪、压力表、压力传感器、电脑控制器等零部件组成。

（二）加气站通用设备设施

1. 阀门

阀门主要用于实现 LNG/CNG 流体接通或截断的功能。通常由阀体、阀盖、阀座、启闭件、驱动机构、密封件和紧固件等组成。

根据《汽车加油加气加氢站技术标准》（GB 50156—2021）要求，加气站使用的压力管段，其前后两端均须设置控制阀门，两控制阀门之间必须设置安全阀，压力管段源头一端必须设置紧急切断阀。

阀门按照使用温度，可分为低温阀（工作温度低于 -30 ℃）、常温阀（工作温度为 -30 ~ 120 ℃）、中温阀（工作温度为 121 ~ 450 ℃）、高温阀（工作温度高于 450 ℃）。

2. 仪表和站控系统

仪表和站控系统是实时监测和控制加气站的各种参数，确保加气站安全、高效运行的装置。

3. 消防设施

消防设施是确保天然气场站安全的重要组成部分，一般包括灭火器材、消防水系统、火灾报警系统、自动灭火系统、防火隔离设施、疏散通道和标识、消防应急照明和疏散指示标志等。

4. 可燃气体报警系统

可燃气体报警系统是一种用于检测可燃气体泄漏并发出警报的安全设备，一般由探测器和控制器组成。

5. 供配电设备

供配电设备包括变压器、配电柜、开关柜、电缆等。这些设备的稳定性和可靠性对加气站的安全运行至关重要。

6. 仪表风系统

仪表风系统是在LNG/CNG站内为液化天然气（LNG）/压缩天然气（CNG）装置中的各种仪表提供清洁、干燥、稳定的压缩空气的系统，主要包括空气压缩机、干燥机、过滤器、储气罐和输送管道等部分。空气通过压缩、干燥和过滤等处理后，储存在储气罐中，再通过输送管道输送到各个仪表和阀门，以供使用。

三、工艺流程

根据汽车加气站类型的不同，其生产工艺上也有较大的区别。下面分别介绍两种加气站的典型生产工艺流程。

（一）LNG加气站工艺流程

1. 卸车流程（图1-6）

LNG由槽车运至加气站，将槽车的卸车管路与LNG加气站的卸车装置连接，通过卸车增压器将槽车储罐压力升至预定值，通过压差

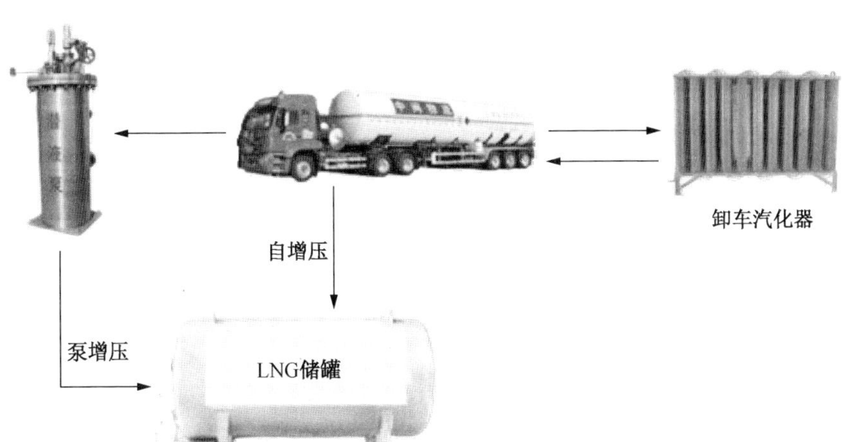

图1-6 卸车流程

的方式，或采用 LNG 潜液泵泵送的方式，把槽车内 LNG 输送至加气站储罐储存。

2. 增压流程（图 1－7）

开启储罐增压器进口阀，储罐内的 LNG 通过压差方式进入储罐增压器，加热汽化后通过储罐上进液管路，进入气相空间，提升储罐压力。

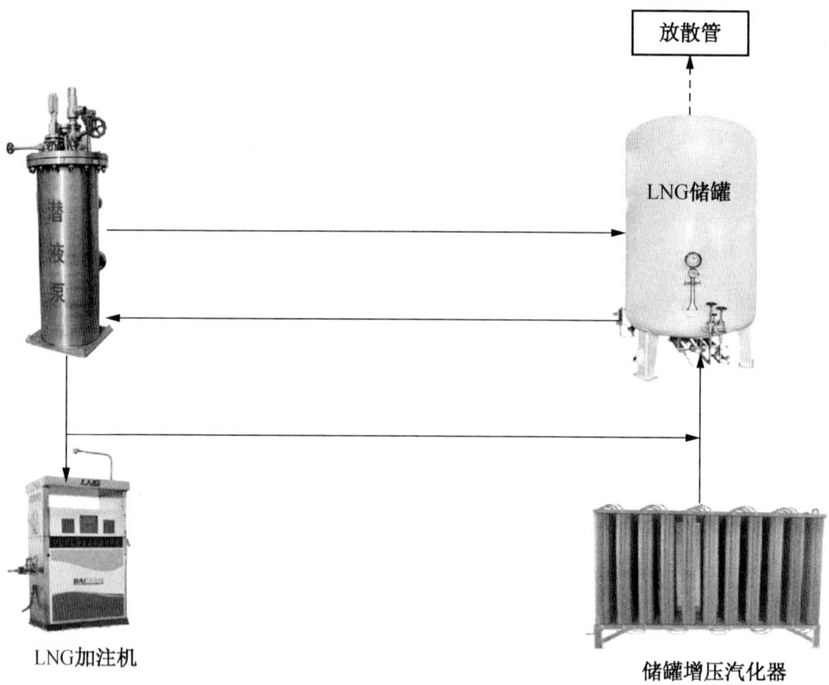

图 1－7 增压流程

3. 加注流程（图 1－8）

储罐 LNG 经出液管进入潜液泵送至加注机，通过加气枪连接车载气瓶充装口，启动加注程序，将储罐中的 LNG 通过潜液泵升压加注至车载气瓶中。

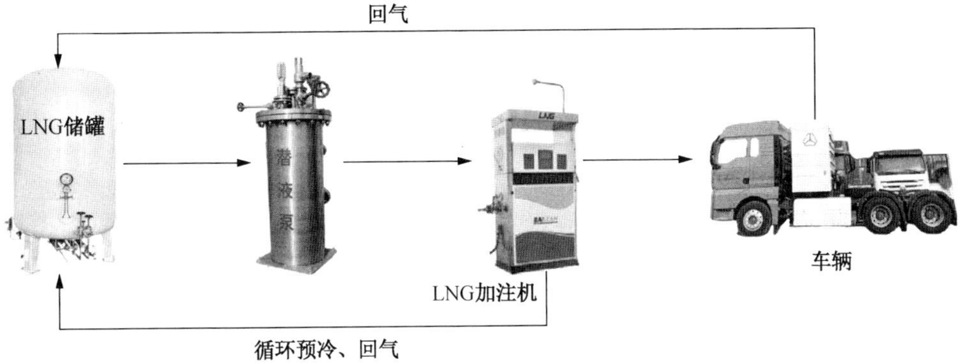

图 1-8　LNG 加气站加注流程

4. 泄压流程（图 1-9）

当储罐超过预定压力限值后，开启储罐气相放散阀，天然气经 EAG 加热器安全排放，降低储罐压力。

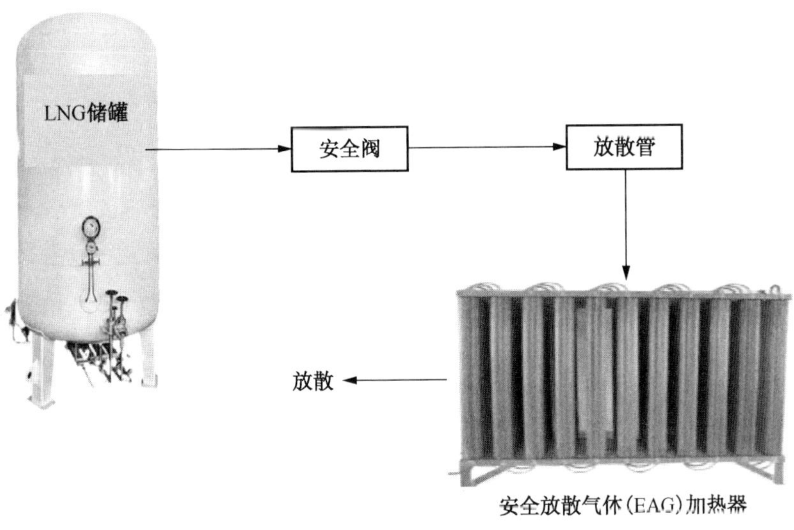

图 1-9　LNG 加气站泄压流程

（二）CNG 加气站操作流程

1. CNG 标准加气站

CNG 标准加气站一般从燃气管道获取天然气，经预处理（分离、过滤、脱硫）、压缩、脱水处理后输入储气设备中，通过优先顺序控制系统和加气机给燃气汽车加气。

通常 CNG 标准加气站由六个子系统组成，包括稳压计量系统、天然气脱硫干燥系统、天然气压缩系统、天然气干燥系统、控制系统、压缩天然气储存系统和压缩天然气的加气系统。天然气净化系统中的脱硫设备，只有来气中含硫量超标时才设置；脱水设备可以设置于压缩机之后（属高压脱水法），也可置于压缩机之前（属于低压脱水法），如图 1－10 所示。

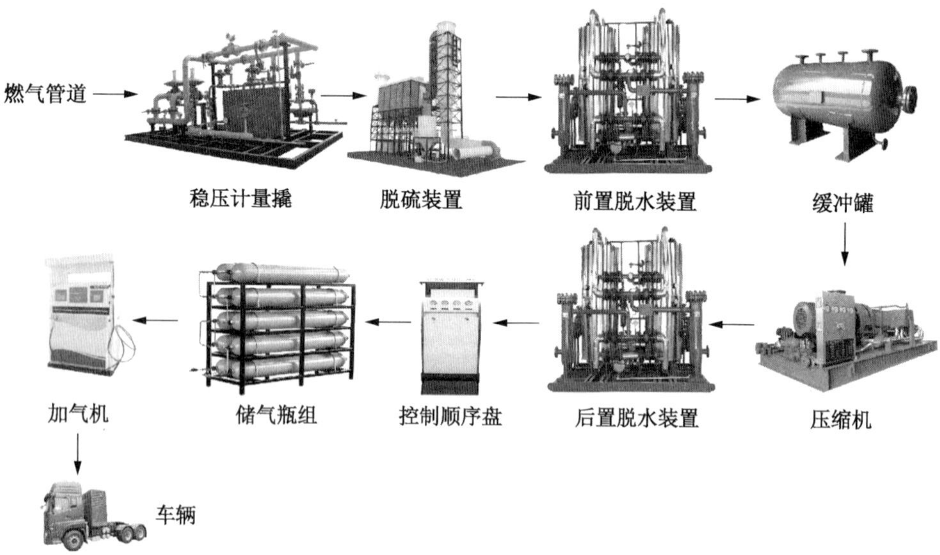

图 1－10　CNG 标准加气站组成

2. CNG 加气母站

CNG 加气母站的工艺根据进站天然气的气质及选用设备的不同，

采取不同的操作方式，具体如下：

1）低含硫进站天然气操作流程（图 1－11）

自 CNG 配气站的原料天然气进入调压装置后，经过前置脱水装置，过滤、分离、去杂质，然后进入缓冲系统，后送入压缩机，压缩机将原料天然气通过各级增压冷却后排出压缩天然气，经管道送往加气柱，由加气柱对长管拖车进行充装。

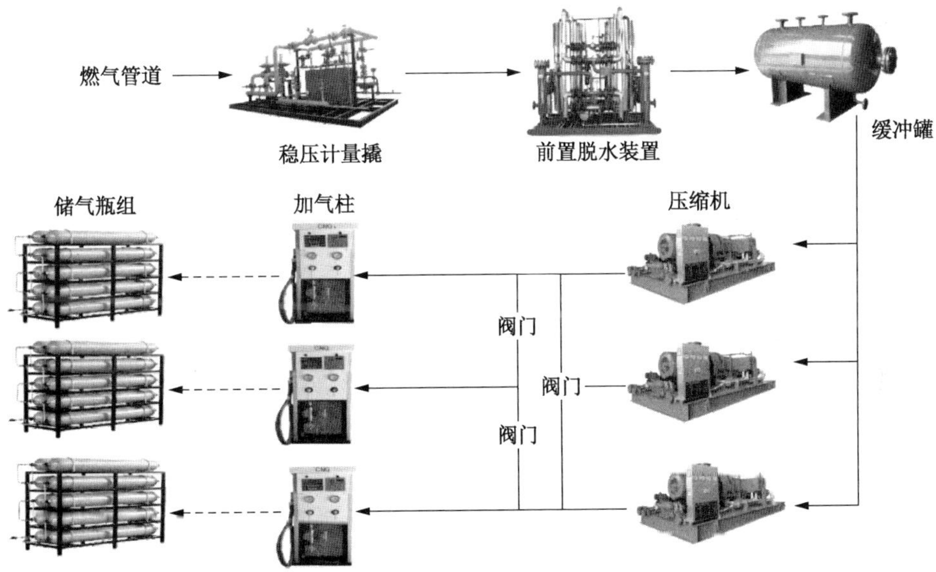

图 1－11　低含硫进站天然气操作流程

2）高含硫进站天然气操作流程（图 1－12）

自 CNG 配气站的原料天然气进入调压装置后，经过脱硫装置、前置脱水装置，过滤、分离、去杂质，然后进入缓冲系统，后送入压缩机，压缩机将原料天然气通过各级增压冷却后排出压缩天然气，经管道送往加气柱，由加气柱对长管拖车进行充装。

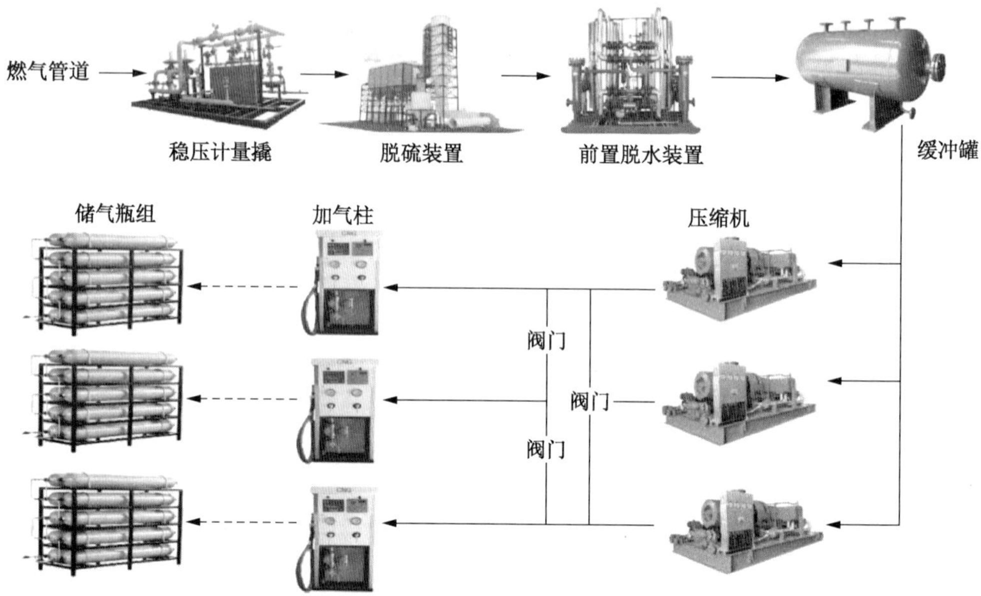

图 1－12　高含硫进站天然气操作流程

3）标准加气站的操作流程（图 1－13）

自 CNG 配气站的原料天然气进入调压装置后，经过脱硫装置、前置脱水装置，过滤、分离、去杂质，然后进入缓冲系统，后送入压缩机，压缩机将原料天然气通过各级增压冷却后排出压缩天然气，压缩后的高压气体分为两路：一路通过加气柱，进入储气瓶组；另一路进入加气机给车辆充装 CNG。

3. CNG 加气子站

CNG 加气子站具体操作如下：

天然气经卸气柱进入压缩机，压缩机将天然气通过各级增压冷却后排出压缩天然气，通过顺序控制盘，进入储气瓶组，再通过加气机给 CNG 燃料汽车充装 CNG（图 1－14）。

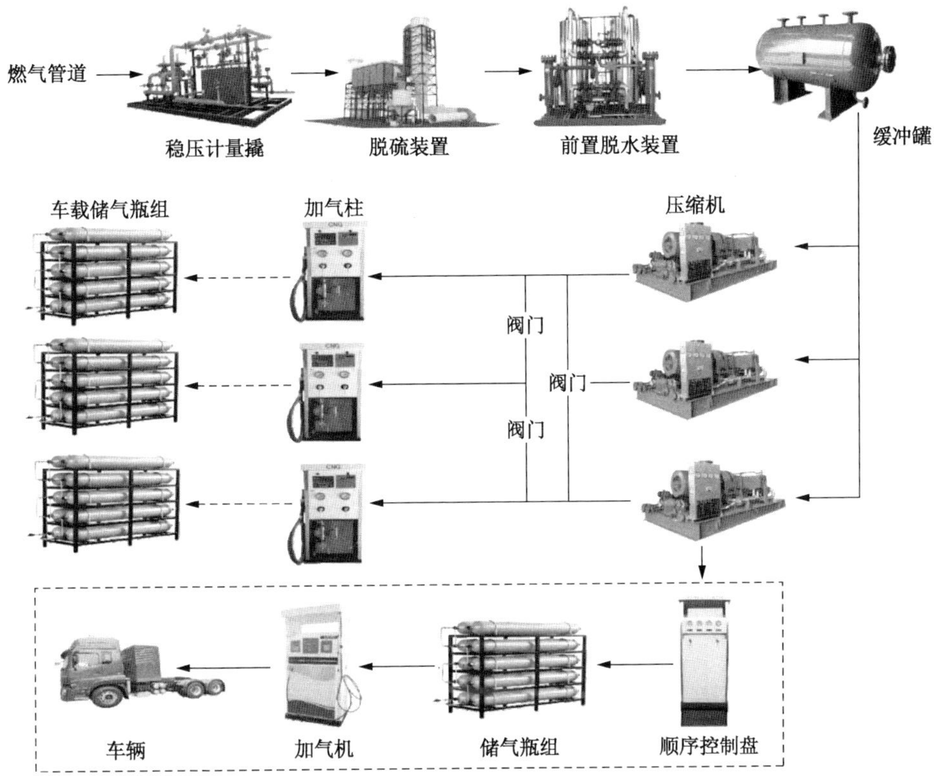

图 1－13　标准加气站的操作流程

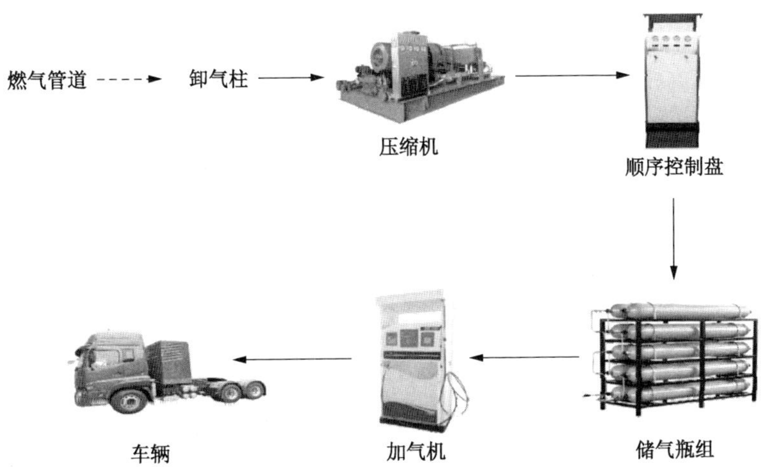

图 1－14　CNG 加气子站的操作流程

第二章

风　险　辨　识

本章介绍了汽车加气站风险辨识相关内容，包括风险辨识概述、加气站化学品危险特性以及辨识汽车加气站经营企业所涉及的设施设备、作业流程中的各种风险等内容。

一、风险辨识概述

风险辨识是指在风险事故发生之前，人们运用各种方法系统地、连续地认识所面临的各种风险以及分析风险事故发生的潜在原因。其内容通常包括对危险源、事件及其原因和潜在后果的识别。

（一）风险辨识方法

风险辨识通常包括以下两个任务：

任务一：识别特定的非预期后果。

任务二：识别可能导致这些后果的物料、工艺、操作、设备与装置。

任务一中的非预期后果可以被划分为三个大类，如人员伤害、环境影响以及经济损失等。这三大类分别包含了一些具体的后果类别，如图 2－1 所示。每个类别都可以根据其导致的具体危害类型继续细分，例如人员影响下的生理伤害细分为中毒、高温、超压、机械伤害、辐射、触电等。也就是说，非预期后果划分越具体，越容易界定第二个任务的工作范围。例如，装置里可能有多种潜在的危害可能影响人员安全，但只有其中的两种可能会导致人员重伤。

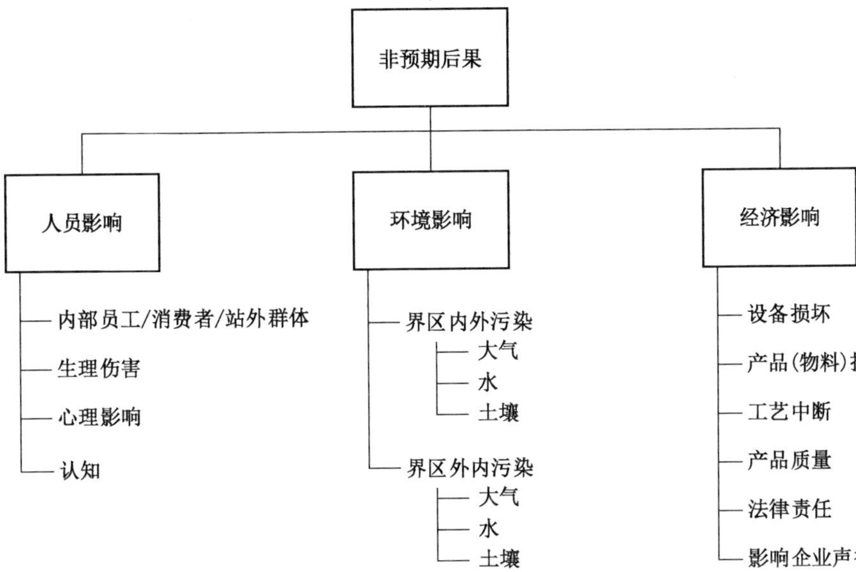

图 2-1 风险辨识中的非预期后果分类

当非预期后果确定后，我们即可针对分析对象的设备与装置、工艺、物料性质与操作条件、化学品间的反应矩阵等，辨识可能的危害，并进一步选择恰当的工艺危害分析方法，辨识可能的危害场景。

常用的工艺危害分析方法包括：

（1）基于公司或行业经验的定性分析。

（2）检查表法（Check List）。

（3）故障假设分析法（What - If）。

（4）危险与可操作性分析（HAZOP）。

（5）故障模式和影响分析（FMEA）。

（6）故障树分析（FTA）。

（二）工艺危害分析方法

1. 检查表法（Check List）

检查表法使用一个预先编制的项目清单来确认系统中各审查项的状态。一般来说，检查表的编制依据现行的法规、标准及规范条文改编而成。检查表上列出的问题一般使用“是”“否”“不适用”或“需要额外信息”来回答。多数情况下根据不同分析人员的经验，使用同样的检查表得出的结论可能并不完全一致，但总体上说，他们可以帮助判断系统与法律法规或行业惯例的符合性。另外，也可以通过修正分析发现的不足来提升装置的安全性。检查表法的用途和类型是多种多样的，既可以用于快速简单评估，也可以用于更大范围的深入评估。

2. 故障假设分析法（What – If）

故障假设分析法是一种头脑风暴式的分析方法。由熟悉分析对象的团队对可能出现的非预期场景进行提问与讨论，从而识别潜在的危害场景，或某种特定情况下可能产生的非预期后果，确认现有的安全保护措施，并提出建议的风险减缓措施。这些潜在事故场景的原因可能来自设计、建造、变更或操作等各个环节。故障假设分析法需要对工艺设计意图的基本理解以及预估/识别潜在事故场景的能力。

讨论的问题通常采用“如果 – 怎么样”形式的问句表达，问题的生成基于分析团队的经验、现有的图纸深度、在役装置的工艺描述等。这些问题可以是任意与装置相关的异常场景，而不仅是设备部件失效或是工艺波动。

3. 危险与可操作性分析（HAZOP）

危险与可操作性分析是一种工艺流程及可操作性的审核过程，用于确认任何可能的工艺偏差是否会导致非预期后果。在 HAZOP 分析过程中，分析团队通过构建偏差的方式，利用系统性的、创造性的讨论方式来分析装置潜在的风险，通过一系列预设的词组（被称为引导词）来引导团队完成审核装置的设计。这些引导词被用在指定的位置或“节点”内与特定的工艺参数组合，形成一些装置正常运行中可能出现的偏差。例如，引导词“无”与工艺参数“流量”组合形成偏差“无流量”。

针对这些偏差，分析团队列出所有可能导致这些偏差的原因，偏差可能造成的后果，现有的安全保护措施等。当团队认为针对某一偏差的现有安全保护措施不够充分时，通常会建议采取额外的风险消减措施。

4. 故障模式及影响分析（FMEA）

故障模式及影响分析用于识别设备或系统潜在的失效模式以及这些失效对系统或装置的潜在影响。失效模式描述了设备如何失效（故障打开，故障关闭，泄漏等）。失效造成的影响取决于该设备失效后系统的反应。FMEA 分析识别所有可能独立或组合导致事故的失效模式，产生一个定性的、系统的设备潜在失效及影响的参考结果。FMEA 分析提出的建议主要是通过提升设备的可靠性来提升装置的安全性。

5. 故障树分析（FTA）

故障树分析也称为事故树分析，是一种集中在某一特定事故场景或主要系统失效的推理分析方法，用于分析确定事故的根本原因。故障树通过图形化的方法来表示各种可能造成特定事故场景（顶上事件）的设备失效或人员失误（或其组合）。它可以使分析人员通过更加形象化、明确的原因分析来寻找可能的降低此事故场景发生频率的阻止/减缓措施。

故障树分析非常适用于复杂的高冗余度系统。对于那些简单系统，特别是单一失效就可能导致事故的系统来说，故障假设分析法或危险与可操作性分析更加适合。当其他的工艺危害分析方法（如 HAZOP）定位出一个重大事故场景后，故障树经常被用于进一步分析。

（三）风险辨识方法的选择

每一种工艺危害分析的方法都有其独特的优缺点及局限性。而且，在进行危害评估时，每个行业、组织及危害分析的实施过程都有独特的目标和需求。表2－1列举了选择风险辨识方法时对应的7个步骤：各个企业应根据自己的实际情况选择相对应的分析方法。

表2－1　风险辨识方法的选择步骤

<table>
<tr><td colspan="12">1. 定义审查形式</td></tr>
<tr><td colspan="3">□新审查</td><td colspan="3">□对之前审查的再次确认</td><td colspan="3">□重新审查</td><td colspan="3">□特殊要求</td></tr>
<tr><td colspan="12">2. 确定所需结果</td></tr>
<tr><td colspan="4">□危害清单</td><td colspan="4">□问题/隐患清单</td><td colspan="4">□结果的优先顺序排列</td></tr>
<tr><td colspan="4">□危害筛选</td><td colspan="4">□行动项目</td><td colspan="4">□QRA 输入条件</td></tr>
<tr><td colspan="12">3. 确认工艺安全信息</td></tr>
<tr><td colspan="4">□物料</td><td colspan="4">□相关经验</td><td colspan="4">□现有工艺</td></tr>
<tr><td colspan="4">□化学反应</td><td colspan="4">□工艺流程图</td><td colspan="4">□程序</td></tr>
<tr><td colspan="4">□物料存量</td><td colspan="4">□管道及仪表流程图</td><td colspan="4">□运营历史</td></tr>
<tr><td colspan="12">4. 考虑装置特点</td></tr>
<tr><td colspan="3">复杂性/大小
□简单/小
□复杂/大</td><td colspan="4">过程类型
□化学过程　□电气的
□物理过程　□电子的
□机械过程　□计算机
□生物过程　□人员</td><td colspan="5">操作类型
□固定设备　□永久　□连续
□运输系统　□短暂　□半连续
□间歇</td></tr>
<tr><td colspan="7">自然危害
□毒性　□反应活性　□粉尘爆炸
□易燃性　□放射性　□物理危害
□爆炸性　□腐蚀性　□其他</td><td colspan="5">相关场景/事故/事件
□单一失效　□不正常工况
□多重失效　□硬件　□程序
□物料泄漏　□软件
□生产中断　□人员</td></tr>
</table>

表 2-1（续）

<table>
<tr><td colspan="4">5. 考虑相关经验</td></tr>
<tr><td>运行经验
□长
□短
□没有
□只有相似装置经验</td><td>事故经验
□经常性
□许多
□很少
□没有</td><td>相关经验
□没有变化
□很少变化
□很多变化</td><td>感知风险
□高
□中等
□低</td></tr>
<tr><td colspan="4">6. 确认所需资源</td></tr>
<tr><td>□技术人员</td><td>□时间要求</td><td>□资金需求</td><td>□分析/管理选择</td></tr>
<tr><td colspan="4">7. 选择分析方法</td></tr>
</table>

在选择风险辨识与工艺危害分析的过程中还需要考虑以下因素：

（1）工艺危害分析不是一两个人的事情，应尽可能让不同角色、不同专业的人参与进来。

（2）明确分析对象及分析对象可能导致的非预期后果。

（3）基于不同项目阶段需求和输入信息的详细程度，合理选择分析方法。

二、加气站化学品危险特性

加气站在生产经营过程中涉及的主要物料为 LNG、CNG，生产辅料为氮气、压缩空气和柴油，其主要危险有害特性如下。

（一）天然气

1. 理化性质

天然气是一种主要由甲烷（CH_4）组成的气态烃类燃料，通常还含有少量的乙烷（C_2H_6）、丙烷（C_3H_8）、丁烷（C_4H_{10}）等烷烃，以及少量的二氧化碳（CO_2）、氮气（N_2）、硫化氢（H_2S）和水蒸气（H_2O）等杂质。天然气无色、无味，密度小于空气，约为空气的

0.55 倍，沸点为 -162 ℃，不溶于水。天然气是一种可燃气体，在氧气充足的情况下能够燃烧，产生二氧化碳和水。天然气的热值较高，为 50 ~ 60 MJ/m^3（百万焦耳每立方米），具体数值取决于天然气的组成，天然气的爆炸极限范围为 5% ~ 15%。

2. 危险特性

（1）燃烧爆炸性。天然气与空气以一定比例混合后，可能形成一种能燃烧或爆炸的混合气体，一遇火源就能发生燃烧、爆炸，且燃烧速度快，扩散能力强，火势蔓延迅速。

（2）易扩散性。当大量天然气发生泄漏时，在气象条件合适的情况下（如风力很小），可造成大量天然气在较小空间范围内集聚，形成爆炸性蒸气云，遇火源可引起爆炸。

（3）窒息、毒性。当空气中的天然气含量达到 25% ~ 30% 时，会使人发生缺氧症状，甚至引起人员窒息；同时天然气为烃类混合物，属于低毒性物质，长期接触可出现神经衰弱综合征。

（4）低温性。液化天然气是在 -162 ℃左右的低温条件下储存的，泄漏时除了对直接接触人员可能造成冻伤等效应外，还能使其他未做防冻设计的结构、装置和仪表等发成脆性破裂，从而引发破坏效应。

（二）氮气

1. 理化性质

氮气属于稳定、不聚合的不燃气体，在保证其中不含超标有害杂质的情况下，允许其安全地扩散到大气中，无毒害等作用。工业生产中使用的氮气一般储存在公称容积 20 ~ 80 L 的中容积钢瓶，公称压力有 30 MPa、20 MPa 和 15 MPa 三种。由于氮气本身较稳定的性质，其可能发生的危险主要有人员吸入造成的健康危害，以及钢瓶遇到高热时容器内压增大造成的开裂和爆炸危险。

2. 危险特性

（1）窒息性。当氮气泄漏到工作环境中，导致空气中氮气含量过高时，可使吸入气体氧分压下降，引起缺氧窒息。吸入氮气浓度不太高时，患者最初感到胸闷、气短、疲软无力；继而出现烦躁不安、极度兴奋、乱跑、叫喊、神情恍惚、步态不稳，称之为“氮酩酊”，可进入昏睡或昏迷状态。若吸入高浓度氮气，患者可迅速昏迷，随后因呼吸和心跳停止而死亡。

（2）爆炸性。氮气属不燃气体，其主要燃爆危险事故为高温环境下，氮气瓶内压增大导致开裂和气瓶爆炸。

（三）压缩空气

1. 理化性质

压缩空气是无色、无味的气体，具有较高的压力和能量，密度较大，能够储存大量的气体在狭小的空间内。

2. 危险特性

（1）可缩性和膨胀性。压缩空气在被储存和使用时会处于高压状态，对人体和设备都具有危险性。高压空气能穿透人体皮肤，危及人身安全；而在使用设备时，高压空气的突然释放也可能导致设备破裂或爆炸。

（2）助燃性。与易燃气体及油脂接触有引起燃烧、爆炸的危险。

（四）柴油

1. 理化性质

柴油，闪点 38 ℃，沸点为 170 ~ 390 ℃，有色透明液体，难溶于水，易溶于醇和其他有机溶剂，化学性质稳定。

2. 危险特性

（1）燃烧危险性。柴油属于易燃物，其蒸气在 60 ℃时遇明火会燃烧，燃烧放出大量热；柴油是电的不良导体，在运输、灌装过程中，油分子之间、柴油与其他物质之间的摩擦会产生静电，进而产生电火花。

（2）毒性。柴油有麻醉和刺激作用，柴油的雾滴吸入后可引起眼、鼻刺激，头晕和头痛等症状，可致吸入性肺炎；皮肤接触柴油可致接触性皮炎。

三、设备设施风险辨识

本部分基于风险辨识的方法，列举出 LNG 加气站及 CNG 加气站各设备设施典型风险分析结果。风险分级依据是参考《保护层分析（LOPA）方法应用导则》（AQ/T 3054—2015）附录 F 中的风险矩阵。

本部分内容所列风险中的重大风险、较大风险、一般风险、低风险均为初始风险或固有风险，即未考虑管控措施之前的风险。各厂站应基于风险分级管控的相关要求进行风险分析，从而确定管控后风险等级。

（一）存储设施

1. LNG 储罐

LNG 储罐在运行中可能存在的典型风险见表 2－2。

表 2－2　LNG 储罐风险辨识

风险场景	风险因素	造成后果	初始风险等级
LNG 储罐压力升高	人员误操作，储罐压力控制过高	LNG 超压泄漏至环境，造成火灾、爆炸、人员伤亡	较大风险
LNG 储罐液位过高	卸车工况时，人员误操作，进料过多	LNG 储罐液位过高，满罐造成储罐超压损坏导致 LNG 泄漏至环境，造成火灾、爆炸、人员伤亡	较大风险
LNG 储罐及管线温度降低过快	未充分预冷或者预冷速度过快	设备或管线损坏，LNG 泄漏至环境	较大风险

表2-2（续）

风险场景	风险因素	造成后果	初始风险等级
LNG储罐温度升高	现场火灾	温度过高，LNG大量汽化，LNG储罐压力升高，储罐超压爆炸	较大风险
	保冷失效		
设备管线泄漏	腐蚀	LNG储罐腐蚀，可能泄漏至内外罐夹层处，外罐低温损坏，LNG泄漏至环境，造成火灾、爆炸、人员伤亡	一般风险
	储罐附属管线、阀门/法兰等密封泄漏	少量LNG泄漏至外部环境，造成局部火灾，人员受伤	一般风险
	结构失稳	LNG储罐机构失稳，与储罐连接管线处可能应力受损，物料泄漏，储罐可能超压爆炸	较大风险
静电积聚	静电接地损坏	静电积聚，可能成为点火源	一般风险

2. CNG储气井

CNG储气井在运行中可能存在的典型风险见表2-3。

表2-3 CNG储气井风险辨识

风险场景	风险因素	造成后果	初始风险等级
设备超压损坏	压缩机出口压力过大	储气井超压损坏，CNG泄漏至环境，造成火灾、爆炸、人员伤亡	较大风险
设备管线泄漏	腐蚀	CNG泄漏至环境，造成火灾、爆炸、人员伤亡	一般风险
	储气井附属管线、阀门/法兰等密封泄漏	少量CNG泄漏至外部环境，造成局部火灾，人员受伤	一般风险

表 2-3（续）

风险场景	风险因素	造成后果	初始风险等级
设备管线泄漏	结构失稳	CNG 储气井可能位移，与储气井连接管线处可能应力受损，物料泄漏，储罐可能超压爆炸	较大风险
建设质量不达标	由于井筒与井壁间的环形空间封固质量较差	储气井筒体在 25 MPa 的压力作用下，产生弹性拉伸变形，封固面质量较差导致封固面的摩擦阻力不足以抵抗筒体变形的作用力，储气井桶会窜出地面，称为“冒井”。造成法兰管线损坏，CNG 泄漏至环境造成火灾、爆炸、人员伤亡	较大风险
管道静电积聚	静电接地损坏	静电积聚，可能成为点火源	一般风险
其他	排污操作时，阀门开度过大	CNG 泄漏至环境，造成火灾、爆炸、人员伤亡	较大风险

3. CNG 管束车

CNG 管束车在运行中可能存在的典型风险见表 2-4。

表 2-4　CNG 管束车风险辨识

风险场景	风险因素	造成后果	初始风险等级
设备管线泄漏	腐蚀	CNG 泄漏至环境，造成火灾、爆炸、人员伤亡	一般风险
	管束车附属管线、阀门/法兰等密封泄漏	少量 CNG 泄漏至外部环境，造成局部火灾，人员受伤	一般风险
	管束车溜车	CNG 管束车可能位移，与管束车连接管线处可能应力受损，物料泄漏，储罐可能超压爆炸	较大风险

表 2-4（续）

风险场景	风险因素	造成后果	初始风险等级
管道静电积聚	静电接地损坏	静电积聚，可能成为点火源	一般风险
其他	排污操作时，阀门开度过大	CNG 泄漏至环境，造成火灾、爆炸、人员伤亡	较大风险

4. CNG 储气瓶组

CNG 储气瓶组在运行中可能存在的典型风险见表 2-5。

表 2-5　CNG 储气瓶组风险辨识

风险场景	风险因素	造成后果	初始风险等级
设备超压损坏	压缩机出口压力过大	CNG 储气瓶组超压损坏，CNG 泄漏至环境，造成火灾、爆炸、人员伤亡	较大风险
设备管线泄漏	腐蚀	CNG 泄漏至环境，造成火灾、爆炸、人员伤亡	一般风险
	储气钢瓶及附属管线、阀门/法兰等密封泄漏	少量 LNG 泄漏至外部环境，造成局部火灾，人员受伤	一般风险
管道静电积聚	静电接地损坏	静电积聚，可能成为点火源	一般风险

（二）加压设施

1. LNG 潜液泵

LNG 潜液泵在运行中可能存在的典型风险见表 2-6。

表2-6 LNG潜液泵风险辨识

风险场景	风险因素	造成后果	初始风险等级
设备超压损坏	出口阀故障关断	设备超压损坏，LNG泄漏至外部环境，造成火灾、爆炸、人员伤亡	较大风险
泵入口压力低，泵气蚀	加气作业储罐液位过低	导致LNG泵气蚀损坏	低风险
设备温度降低过快	未充分预冷或者预冷速度过快	设备或管线损坏，LNG泄漏至环境，造成火灾、爆炸、人员伤亡	较大风险
设备温度过高	现场火灾	温度过高，LNG大量气化，设备压力升高，可能超压泄漏至外部环境，导致火灾、爆炸、人员伤亡	较大风险
设备管线泄漏	腐蚀	LNG泄漏至环境，造成火灾、爆炸、人员伤亡	一般风险
	附属管线、阀门/法兰等密封泄漏	少量LNG泄漏至外部环境，造成局部火灾，人员受伤	一般风险
管道静电积聚	静电接地损坏	静电积聚，可能成为点火源	一般风险
其他	停泵之后未及时打开回气阀	泵内LNG气化，泵内气相残存，下次启泵时，可能汽蚀，设备损坏	低风险
	未及时进行放散管残液排放操作	下次使用时造成管道冻堵	一般风险

2. 储罐增压气化器

储罐增压气化器在运行中可能存在的典型风险见表2-7。

表2－7 储罐增压气化器风险辨识

风险场景	风险因素	造成后果	初始风险等级
设备超压损坏	气相出口阀开度过小或故障关断	设备超压损坏，LNG泄漏至外部环境，造成火灾、爆炸、人员伤亡	较大风险
设备温度过高	现场火灾	温度过高，LNG大量气化，设备压力升高，可能超压泄漏至环境，造成火灾、爆炸、人员伤亡	较大风险
设备管线泄漏	腐蚀	LNG泄漏至环境，造成火灾、爆炸、人员伤亡	一般风险
	附属管线、阀门/法兰等密封泄漏	少量LNG泄漏至外部环境，造成局部火灾，人员受伤	一般风险
管道静电积聚	静电接地损坏	静电积聚，可能成为点火源	一般风险
其他	未定期除霜	设备效率降低	一般风险

3. 卸车增压气化器

卸车增压气化器在运行中可能存在的典型风险见表2－8。

表2－8 卸车增压气化器风险辨识

风险场景	风险因素	造成后果	初始风险等级
设备超压损坏	气相出口阀开度过小或故障关断	设备超压损坏，LNG泄漏至外部环境，造成火灾、爆炸、人员伤亡	较大风险
设备温度降低过快	未充分预冷或者预冷速度过快	设备或管线损坏，LNG泄漏至环境，造成火灾、爆炸、人员伤亡	较大风险
设备温度过高	现场火灾	温度过高，LNG大量气化，设备压力升高，可能超压泄漏至环境，造成火灾、爆炸、人员伤亡	较大风险

表 2-8（续）

风险场景	风险因素	造成后果	初始风险等级
设备管线泄漏	腐蚀	LNG 泄漏至环境，造成火灾、爆炸、人员伤亡	一般风险
	附属管线、阀门/法兰等密封泄漏	少量 LNG 泄漏至外部环境，造成局部火灾，人员受伤	一般风险
管道静电积聚	静电接地损坏	静电积聚，可能成为点火源	一般风险
其他	未定期除霜	设备效率降低	一般风险

4. CNG 压缩机

CNG 压缩机在运行中可能存在的典型风险见表 2-9。

表 2-9　CNG 压缩机风险辨识

风险场景	风险因素	造成后果	初始风险等级
设备超压损坏	出口阀开度过小或故障关断	设备超压损坏，CNG 泄漏至外部环境，造成火灾、爆炸、人员伤亡	较大风险
设备管线泄漏	腐蚀	CNG 泄漏至环境，造成火灾、爆炸、人员伤亡	一般风险
	附属管线、阀门/法兰等密封泄漏	少量 CNG 泄漏至外部环境，造成局部火灾，人员受伤	一般风险
管道静电积聚	静电接地损坏	静电积聚，可能成为点火源	一般风险
压缩机磨损	润滑油液位过低； 润滑油泄漏	压缩机部件磨损加剧，设备可能损坏	一般风险

表 2 - 9（续）

风险场景	风险因素	造成后果	初始风险等级
设备温度过高	冷却水中断	设备超温损坏	一般风险
其他	设备电气系统故障	设备停机或者损坏	一般风险

5. CNG 注油设施

CNG 注油设施在运行中可能存在的典型风险见表 2 - 10。

表 2 - 10　CNG 注油设施风险辨识

风险场景	风险因素	造成后果	初始风险等级
设备超压损坏	出口阀开度过小或故障关断	设备超压损坏，油品泄漏至外部环境，环境污染	一般风险
注油压力过低	注油泵故障停	CNG 加压不足，影响 CNG 正常加注	低风险
设备管线泄漏	腐蚀	CNG 泄漏至环境，造成火灾、爆炸、人员伤亡	一般风险
	附属管线、阀门/法兰等密封泄漏	少量 CNG 泄漏至外部环境，造成局部火灾，人员受伤	一般风险
油品杂质	机械杂质及水等	污染 CNG 影响产品品质	低风险
管道静电积聚	静电接地损坏	静电积聚，可能成为点火源	一般风险
其他	设备电气系统故障	设备停机或者损坏	低风险

（三）气化设施

安全放散气体（EAG）加热器在运行中可能存在的典型风险见表2－11。

表2－11　安全放散气体（EAG）加热器风险辨识

风险场景	风险因素	造成后果	初始风险等级
设备温度降低过快或出口低温	未充分预冷或者预冷速度过快	设备或管线损坏，EAG泄漏至环境，造成火灾、爆炸、人员伤亡	较大风险
设备温度过高	现场火灾	温度过高，EAG大量气化，设备压力升高，可能超压泄漏至环境，造成火灾、爆炸、人员伤亡	较大风险
设备管线泄漏	腐蚀	LNG泄漏至环境，造成火灾、爆炸、人员伤亡	一般风险
	附属管线、阀门/法兰等密封泄漏	少量LNG泄漏至外部环境，造成局部火灾，人员受伤	一般风险
管道静电积聚	静电接地损坏	静电积聚，可能成为点火源	一般风险
其他	未定期除霜	设备效率降低	低风险

（四）加注设施

1. LNG加注机

LNG加注机在运行中可能存在的典型风险见表2－12。

表2-12 LNG 加注机风险辨识

风险场景	风险因素	造成后果	初始风险等级
设备温度降低过快	未充分预冷或者预冷速度过快	设备或管线损坏，LNG 泄漏至环境，造成火灾、爆炸、人员伤亡	较大风险
设备温度过高	现场火灾	温度过高，LNG 大量气化，设备压力升高，可能超压泄漏至环境，造成火灾、爆炸、人员伤亡	较大风险
设备管线泄漏	腐蚀	LNG 泄漏至环境，造成火灾、爆炸、人员伤亡	一般风险
	附属管线、阀门/法兰等密封泄漏	少量 LNG 泄漏至外部环境，造成局部火灾，人员受伤	一般风险
静电积聚	静电接地损坏	静电积聚，可能成为点火源	一般风险
其他	加注机系统故障	潜在过装、欠装风险	低风险

2. CNG 加气机

CNG 加气机运行中可能存在的典型风险见表 2-13。

表2-13 CNG 加气机风险辨识

风险场景	风险因素	造成后果	初始风险等级
设备超压损坏	出口阀故障关断	设备超压损坏，CNG 泄漏至外部环境，造成火灾、爆炸、人员伤亡	较大风险
设备温度过高	现场火灾	温度过高，设备压力升高，可能超压泄漏至环境，造成火灾、爆炸、人员伤亡	较大风险

表 2-13（续）

风险场景	风险因素	造成后果	初始风险等级
设备管线泄漏	腐蚀	CNG 泄漏至环境，造成火灾、爆炸、人员伤亡	一般风险
	附属管线、阀门/法兰等密封泄漏	少量 CNG 泄漏至外部环境，造成局部火灾，人员受伤	一般风险
管道静电积聚	静电接地损坏	静电积聚，可能成为点火源	一般风险
其他	加注机系统故障	潜在过装、欠装风险	低风险

（五）仪电系统

1. 阀门

加气站的阀门种类繁多，常见的有球阀、截止阀、安全阀等。阀门在运行中可能存在的典型风险见表 2-14。

表 2-14　阀门风险辨识

风险场景	风险因素	造成后果	初始风险等级
阀门温度降低过快	未充分预冷或者预冷速度过快	设备或管线损坏，LNG 泄漏至环境，造成火灾、爆炸、人员伤亡	较大风险
设备管线泄漏	阀门内漏/外漏	天然气泄漏至环境，造成火灾、爆炸、人员伤亡	较大风险
阀门固有风险	阀门故障，拒动/误开等	工艺操作无法正常进行，潜在泄漏造成火灾、爆炸、人员伤亡	较大风险

2. 仪表及站控系统

仪表及站控系统在运行中可能存在的典型风险见表2－15。

表2－15　仪表及站控系统风险辨识

风险场景	风险因素	造成后果	初始风险等级
仪控生产系统故障	未及时维护保养	影响加气站正常运行	低风险
	仪控系统元件老化损坏		
仪控安全系统故障	未及时维护保养	加气站不能及时安全有效停车	较大风险
	仪控系统元件老化损坏		

3. 可燃气体报警系统

可燃气体报警系统一般由探测器和控制器组成。

可燃气体报警系统在运行中可能存在的典型风险见表2－16。

表2－16　可燃气体报警系统风险辨识

风险场景	风险因素	造成后果	初始风险等级
监测失效	设备老化，报警故障	泄漏场景下无法准确监测或频繁报警，影响操作人员判断	较大风险
	误报警	频繁报警，影响操作人员正常判断，人员负荷增大	一般风险

4. 供配电设备

供配电设备在运行中可能存在的典型风险见表2－17。

表2－17　供配电设备风险辨识

风险场景	风险因素	造成后果	初始风险等级
断电风险	设备老化、过载、维护不当	电力供应中断，设备及设施无法正常操作，影响加气站正常运行	低风险
	电力故障	电力供应中断，设备及设施无法正常操作，影响加气站正常运行	低风险
触电风险	电线裸露	人员触电伤亡	较大风险
	接地失效或断路保护失效		

（六）辅助设施

1. 计量撬

计量撬在运行中可能存在的典型风险见表2－18。

表2－18　计量撬风险辨识

风险场景	风险因素	造成后果	初始风险等级
设备超压损坏	计量撬调压系统故障	设备超压损坏，泄漏至外部环境，造成火灾、爆炸、人员伤亡	较大风险
设备腐蚀/泄漏	设备管线腐蚀泄漏	CNG泄漏至外部环境，造成火灾、爆炸、人员伤亡	较大风险
计量错误	计量撬流量计故障	CNG计量失准，影响贸易	一般风险
静电积聚	静电接地损坏	静电积聚，可能成为点火源	一般风险

2. 脱水装置

脱水装置在运行中可能存在的典型风险见表2－19。

表2－19 脱水装置风险辨识

风险场景	风险因素	造成后果	初始风险等级
设备超压损坏	出口阀门故障关	设备超压损坏，泄漏至外部环境，造成火灾、爆炸、人员伤亡	较大风险
设备腐蚀/泄漏	设备管线腐蚀泄漏	CNG泄漏至外部环境，造成火灾、爆炸、人员伤亡	较大风险
其他	脱水塔内填料失效 脱水系统异常	脱水效果差，水气带至下游，冻堵设备及车辆	一般风险
	排污操作时，阀门开度过大	CNG泄漏至环境，造成火灾、爆炸、人员伤亡	较大风险

3. 脱硫装置

脱硫装置在运行中可能存在的典型风险见表2－20。

表2－20 脱硫装置风险辨识

风险场景	风险因素	造成后果	初始风险等级
设备超压损坏	出口阀门故障关	设备超压损坏，泄漏至外部环境，造成火灾、爆炸、人员伤亡	较大风险
设备腐蚀/泄漏	设备管线腐蚀泄漏	CNG泄漏至外部环境，造成火灾、爆炸、人员伤亡	较大风险
其他	脱硫剂失效； 脱硫系统异常	脱硫效果差，下游设备腐蚀速率快	一般风险
	升压过快，脱硫剂粉化进入下游装置	下游装置堵塞，影响装置正常运行	一般风险
	排污操作时，阀门开度过大	CNG泄漏至环境，造成火灾、爆炸、人员伤亡	较大风险

4. 空气压缩机

空气压缩机在运行中可能存在的典型风险见表2－21。

表2－21 空气压缩机风险辨识

风险场景	风险因素	造成后果	初始风险等级
设备超压损坏	出口阀故障关断	设备超压损坏，造成人员伤害	一般风险
压缩机轴承磨损	润滑油液位过低； 润滑油系统泄漏； 润滑油杂质	压缩机部件磨损加剧，设备可能损坏	低风险
设备温度过高	冷却水中断	设备损坏	低风险
设备腐蚀/泄漏	设备腐蚀泄漏	影响加气站正常运行	一般风险
仪表风露点过高	压缩空气干燥剂未及时更换	仪表风中水含量升高，LNG系统气动阀门可能因为低温冻堵，影响阀门正常操作；同时含水量过大，易造成管路上气动执行器和球阀腐蚀或阀体损坏	一般风险
	人员误操作，未及时对压缩机排污		
其他	设备电气系统故障	设备停机或者损坏	低风险

四、作业流程风险辨识

根据第一章中汽车加气站经营企业典型工艺流程，梳理相关作业风险辨识内容。

（一）LNG加气站

（1）卸车作业风险辨识见表2－22。

表 2－22 LNG 加气站卸车作业风险辨识

风险场景	风险因素	造成后果	初始风险等级
车辆入站	车辆无相关资质证书，如：道路运输证、危险品运输许可证等	几乎不会对加气站经营企业产生影响	一般风险
	随车人员无相关资格证书或已过期，如：危险品运输驾驶员资格证、危险品押运员证等	几乎不会对加气站经营企业产生影响	一般风险
卸车准备	个人防护用品未正确佩戴	可能导致人员冻伤	一般风险
	卸车前未仔细核对品名、数量、质量报告	导致不合格液体卸入储罐，影响 LNG 产品品质	低风险
	外部人员误入作业区	其他非作业人员进入，潜在受伤风险	一般风险
	车辆非有效制动或异常启动	车辆移位，管线拉断泄漏，LNG 泄漏，有潜在火灾爆炸风险	较大风险
	卸车时槽车未熄火	未熄火车辆可能成为点火源	一般风险
	槽车未连接静电接地报警器	静电积聚，可能成为点火源	一般风险
	卸车相关管线未正确连接或者阀门未置于正确位置	LNG 无法正常卸车或 LNG 泄漏至外部环境，有潜在火灾爆炸风险	较大风险
	未检查相关仪表是否处于正常工作状态	卸车期间某一参数无法读取，影响卸车操作	低风险
	卸车进液方式选择错误	LNG 储罐压力升高，影响卸车进程，存在潜在超压泄漏，火灾爆炸风险	较大风险
卸车操作	卸车前气/液连接管线未进行吹扫置换	管线内残存空气，存在潜在火灾爆炸风险	较大风险
	储罐未与槽车进行均压	影响卸车作业	低风险

表 2-22（续）

风险场景	风险因素	造成后果	初始风险等级
卸车操作	增压汽化器复核调节过大	LNG 槽车压力升高，存在潜在超压泄漏，火灾爆炸风险	较大风险
	阀门动作过快，流量过高	设备及管线可能损坏，LNG 泄漏，存在潜在火灾爆炸风险	较大风险
	进料过多	LNG 储罐满液，存在储罐超压泄漏，潜在火灾爆炸风险	较大风险
	过度卸车	LNG 采用潜液泵卸车时，潜液泵可能汽蚀，造成设备损坏	一般风险
卸车结束	未进行泄压排净操作，拆除卸车管线	管线内残存天然气泄漏至外部环境，造成火灾、爆炸风险	较大风险
其他	不安全因素（恶劣天气、动火作业、设备设施异常、泄漏等）	卸车期间潜在安全风险	一般风险

（2）加注作业风险辨识见表 2-23。

表 2-23　LNG 加气站加注作业风险辨识

风险场景	风险因素	造成后果	初始风险等级
加注准备	加注回路个别设备及阀门状态异常	无法进行加注操作	一般风险
	控制系统、报警系统等异常	LNG 加注操作异常，存在系统泄漏无法检测，存在潜在火灾爆炸风险	较大风险

表 2－23（续）

风险场景	风 险 因 素	造 成 后 果	初始风险等级
加注准备	车辆非有效制动或异常启动	车辆移位，管线拉断泄漏，LNG泄漏，存在潜在火灾爆炸风险	较大风险
	加气时加注车辆未熄火	未熄火车辆可能成为点火源	一般风险
	槽车未连接静电接地报警器	静电积聚，可能成为点火源	一般风险
	未检查相关仪表是否处于正常工作状态	卸车期间某一参数无法读取，影响卸车操作	一般风险
	加气前管线及设备未进行预冷	可能导致加气时管线损坏泄漏，存在潜在泄漏、火灾爆炸风险	较大风险
加注操作	阀门动作过快，流量过高	设备及管线可能损坏，LNG 泄漏，造成火灾、爆炸、人员伤亡	较大风险
	操作失误，超量充装	导致设备超压损坏，LNG 泄漏，造成火灾、爆炸、人员伤亡	较大风险
	加注机控制系统故障	存在潜在过度充装、计量不准等风险	低风险
加注结束	未使用气枪对加液枪进行吹扫	加液枪可能堵塞，影响下次使用	低风险
	加气结束后未进行软管回气管吹扫操作	回气管内残余气体泄漏至外部环境，存在潜在安全风险	较大风险
其他	不安全因素（恶劣天气、动火作业、设备设施异常、泄漏等）	加注期间，存在潜在安全风险	一般风险

（3）检维修作业风险辨识见表 2－24。

表 2－24　LNG 加气站检维修作业风险辨识

风险场景	风险因素	造成后果	初始风险等级
检维修准备	维修作业前未进行有效隔断	天然气泄漏，可能导致火灾、爆炸、人员伤亡	较大风险
	检维修作业时未进行泄压、惰性气体置换	天然气泄漏，可能导致火灾、爆炸、人员伤亡	较大风险
	维修通电设备未断电	人员触电、机械伤害	较大风险
检维修	未按照检修规程操作	造成设备损坏，人员受伤	一般风险
	动火作业未进行可燃气体检测	可能造成火灾、爆炸、人员伤亡	较大风险
检维修结束	检维修作业后未进行气密试验	设备使用中发生泄漏，天然气泄漏至外部环境造成火灾和人员受伤风险	一般风险
	检维修后未对设备进行置换干燥	可能造成管线冻堵	一般风险
	检维修后未对设备进行置换吹扫	影响 LNG 产品品质，堵塞设备及管线	一般风险
其他	动火检修作业未在附近放置消防设施	若出现火灾，无法及时处理	一般风险
	检修作业时未按规定佩戴个人防护设施	可能造成人员受伤	一般风险

（二）CNG 加气站

（1）卸车作业风险辨识见表 2－25。

表2-25 CNG加气站卸车作业风险辨识

风险场景	风险因素	造成后果	初始风险等级
卸车准备	个人防护用品未正确佩戴	可能导致人员机械伤害	一般风险
	卸车前未仔细核对品名、数量、质量报告	导致不合格气体混入储罐	低风险
	外部人员误入作业区	其他非作业人员进入，存在潜在受伤风险	一般风险
	卸车相关管线未正确连接或者阀门未置于正确位置	CNG泄漏，造成火灾、爆炸、人员伤亡	较大风险
	卸车时管束车或长管拖车未熄火	未熄火车辆可能成为点火源	一般风险
	车辆非有效制动或异常启动	车辆移位，管线拉断泄漏，CNG泄漏，造成火灾、爆炸、人员伤亡	较大风险
	管束车或长管拖车未连接静电接地报警器	静电积聚，可能成为点火源	一般风险
	未检查相关仪表是否处于正常工作状态	卸车期间某一参数无法读取，影响卸车操作	低风险
卸车操作	卸车前气/液连接管线未进行吹扫置换	管线内残存空气，存在潜在火灾、爆炸风险	较大风险
	阀门动作过快	设备及管线可能损坏，CNG泄漏，造成火灾、爆炸、人员伤亡	较大风险
	操作失误，管束车或长管拖车压力过高	导致设备超压损坏，CNG泄漏，造成火灾、爆炸、人员伤亡	较大风险
	操作失误，造成储罐液压力过高	设备可能超压损坏，CNG泄漏，造成火灾、爆炸、人员伤亡	较大风险

表 2－25（续）

风险场景	风险因素	造成后果	初始风险等级
卸车结束	未进行泄压排净操作，拆除卸车管线	管线内残存天然气泄漏至外部环境，造成火灾、爆炸风险	较大风险
其他	不安全因素（恶劣天气、动火作业、设备设施异常、泄漏等）	卸车期间存在潜在安全风险	一般风险

（2）加气作业风险辨识见表 2－26。

表 2－26　CNG 加气站加气作业风险辨识

风险场景	风险因素	造成后果	初始风险等级
加气准备	个人防护用品未正确佩戴	可能导致人员机械伤害	一般风险
	控制系统、报警系统等异常	CNG 加注操作异常，系统泄漏无法检测，存在潜在火灾、爆炸风险	较大风险
	加气时车辆未熄火	未熄火车辆可能成为点火源	一般风险
	未检查相关仪表是否处于正常工作状态	影响加气作业安全	较大风险
	加气车辆未检查（合格证、余压、结霜等）	存在潜在泄漏、火灾、爆炸风险	较大风险
加气操作	加气枪操作失误	CNG 泄漏，造成火灾、爆炸、人员伤亡	较大风险
	操作失误，超量充装	导致设备超压损坏，CNG 泄漏，造成火灾、爆炸、人员伤亡	较大风险

表 2－26（续）

风险场景	风险因素	造成后果	初始风险等级
加气结束	连接的软管及其他设备未拆除完毕，车辆启动	管线损坏，天然气泄漏至外部环境，造成火灾、爆炸、人员伤亡	较大风险
	气枪拔出困难时，水平方向用力	气枪损坏，CNG 泄漏至外部环境，造成火灾、爆炸、人员伤亡	较大风险
其他	不安全因素（恶劣天气、动火作业、设备设施异常、泄漏等）	卸车期间存在潜在安全风险	较大风险
	加气车辆内相关人员未下车	存在加气车辆区域潜在安全风险，伤害车内人员	较大风险

（3）检维修作业风险辨识见表 2－27。

表 2－27　CNG 加气站检维修作业风险辨识

风险场景	风险因素	造成后果	初始风险等级
检维修准备	维修作业前未进行有效隔断	天然气泄漏，可能导致火灾、爆炸、人员伤亡	较大风险
	检维修作业时未进行泄压、惰性气体置换	天然气泄漏，可能导致火灾、爆炸、人员伤亡	较大风险
	维修通电设备未断电	人员触电、机械伤害	较大风险
检维修	未按照检修规程操作	造成设备损坏，人员受伤	一般风险
	动火作业未进行可燃气体检测	可能造成火灾、爆炸、人员伤亡	较大风险
检维修结束	检维修作业后未进行气密试验	设备使用中发生泄漏，天然气泄漏至外部环境，造成火灾和人员受伤	一般风险

表 2－27（续）

风险场景	风险因素	造成后果	初始风险等级
检维修结束	检维修后未对设备进行置换吹扫	影响 CNG 产品品质，堵塞设备及管线	一般风险
其他	动火检修作业未在附近放置消防设施	若出现火灾无法及时处理	一般风险
	检修作业时未按规定佩戴个人防护设施	可能造成人员受伤	一般风险

五、其他

除了常规的设备设施、作业等相关风险外，汽车加气站经营过程中还可能涉及其他相关风险，如现场环境、安保、职业健康等。

（一）环境

加气站环境风险辨识见表 2－28。

表 2－28　加气站环境风险辨识

风险场景	风险因素	造成后果	初始风险等级
环境风险	加气站车辆、人员流动大	造成交通事故、人员伤害	较大风险
	站内照明不足	影响人员作业、车辆及人员进出	较大风险
	室外作业（环境温度高/低）	潜在作业人员中暑、生病等风险	较大风险
	恶劣天气	影响站内作业进行，有潜在安全风险	一般风险

（二）安保

加气站安保风险辨识见表 2－29。

表 2－29 加气站安保风险辨识

风险场景	风险因素	造成后果	初始风险等级
安保风险	安防系统故障（紧急报警、视频监控）	无法应对第三方恶意破坏	一般风险
	恶意破坏、抢劫、盗窃	站内设备设施损坏、物品及财产丢失	一般风险
	站内控制系统故障	站内设备设施控制失效，状态参数异常，潜在超压、过装等导致的泄漏、火灾、爆炸风险	较大风险

（三）职业健康

加气站职业健康风险辨识见表 2－30。

表 2－30 加气站职业健康风险辨识

风险场景	风险因素	造成后果	初始风险等级
职业健康风险	动设备噪声或高压放空操作	对人员听力造成伤害	一般风险

第三章

设备设施管理

保证设备设施的完好和正常运行，对于汽车加气站经营企业的风险管理至关重要。本章将重点从汽车加气站相关设备设施的功能要求细则及其保障措施进行梳理，明确各设备设施的管理要求。

一、存储设施

（一）LNG 储罐

LNG 储罐设备管理要求见表 3－1。

表 3－1 LNG 储罐设备管理要求

设备名称	LNG 储罐	
设备组成	内罐、外罐、防护堤、安全附件、附属管线及阀门等	
风险场景	功能要求细则（PS）	保障措施（AT）
LNG 储罐压力升高	（1）在内罐与外罐之间应设置检测环形空间绝对压力的仪器或检测接口。 （2）压力表应能就地指示，并应将检测信号传送至控制室集中显示。 （3）安全阀与储罐之间应设切断阀，切断阀在正常操作时应处于铅封开启状态。 （4）安全阀排放筒或放空管垂直向上并能防止水、冰、雪或其他异物聚集	（1）巡检时记录 LNG 储罐的压力，一般在压力超过 1.1 MPa 时需要排放泄压，避免储罐长时间高压影响储罐夹层真空的使用寿命。 （2）储罐安全阀要求每年整定一次，运行中起跳过的安全阀必须重新及时整定

表3－1（续）

风险场景	功能要求细则（PS）	保障措施（AT）
LNG储罐液位过高	（5）LNG储罐组四周应设防护堤，堤内的有效容量不应小于LNG储罐的最大容量。防护堤内地面应至少低于周边地面0.1 m，防护堤顶面应至少高出堤内地面0.8 m，且应至少高出堤外地面0.4 m。防护堤内不应设置其他可燃液体储罐、CNG储气瓶（组）或储气井。非明火气化器和LNG泵可设置在防护堤内。 （6）使用中的LNG储罐极限充装量不超过有效容积的90%，不低于10%。 （7）LNG储罐应设置液位计和高液位报警器。高液位报警器应与进液管道紧急切断阀联锁，液位计应能就地指示，并应将检测信号传送至控制室集中显示	（3）定期校验压力表及液位计等仪表的准确性
LNG储罐及管线温度降低过快	（8）内罐与外罐之间应设绝热层，绝热层应与LNG和天然气相适应，且满足最大蒸发量需求。 （9）保冷材质应为不燃材料。外罐外部着火时，绝热层的绝热性能不应明显降低。 （10）液化天然气储罐应先进行低温钢质内罐空间的置换，再进行环形空间的置换	（4）巡检时观察LNG储罐外表面是否有大量露水凝结或者局部结冰现象。 （5）巡检时观察储罐外表面是否有变形或异响，与储罐连接的法兰管线有无泄漏。 （6）每年对真空夹层真空度进行检测。储罐真空度过低时需要重新抽真空，提高绝热性能
LNG储罐温度升高	（11）LNG储罐应设置温度计和高报警功能，温度计将检测信号传送至控制室集中显示	（7）定期校验温度表等仪表的准确性

表3－1（续）

风险场景	功能要求细则（PS）	保障措施（AT）
设备管线泄漏	（12）LNG储罐液相管道根部阀门与储罐的连接应采用焊接阀体材质，应与管道材质相适应。 （13）与LNG储罐连接的LNG管道应设置可远程操作的紧急切断阀。 （14）与储罐气相空间相连的管道上设置人工放散阀	（8）有双根阀的储罐，靠近储罐一侧的阀门应常开。 （9）定期测试紧急切断阀
静电积聚	（15）设备/管线静电接地	（10）每年检测一次储罐接地电阻，小于10 Ω为合格，大于10 Ω时及时检查其连接状态

注：主要参考标准规范《汽车加油加气加氢站技术标准》（GB 50156—2021）。

（二）CNG储气井

CNG储气井设备管理要求见表3－2。

表3－2　CNG储气井设备管理要求

设备名称	CNG储气井	
设备组成	井底封头、井筒、井口、附属管线及阀门等	
风险场景	功能要求细则（PS）	保障措施（AT）
设备超压损坏	（1）储气井应分段设计，埋地部分井筒应符合现行行业标准《套管柱结构与强度设计》（SY/T 5724）的有关规定，地上部分应符合现行行业标准《钢制压力容器——分析设计标准》（JB 4732）的有关规定。 （2）储气井进气总管上应设安全阀及紧急放空管、压力表及超压报警器。 （3）储气井与加气机或加气柱之间的总管上应设主切断阀	（1）储气井压力小于或等于25 MPa。若压力超高，必须立即停止压缩机运行，开启放散阀缓慢泄压至额定工作压力。 （2）每天记录储气井的压力变化情况及运行情况。 （3）使用检测仪或肥皂水检查储气井所有接头处是否有泄漏。 （4）检查储气井进出口管线的位置和角度有无变化，防止应力集中造成卡套脱开

表 3 -2（续）

风险场景	功能要求细则（PS）	保障措施（AT）
设备管线泄漏	（4）储气井与加气机或加气柱之间的总管上应设主切断阀。每个储气瓶（井）出口应设切断阀。 （5）储气井进气总管上应设安全阀及紧急放空管、压力表及超压报警器	（5）缓慢开启或关闭储气井阀门，严禁猛开、猛关，并定时加润滑油保养
管道静电积聚	（6）设备/管线静电接地	（6）定期检测一次接地电阻，小于 10 Ω 为合格，大于 10 Ω 时及时检查其连接状态
其他	（7）储气井本体的设计疲劳次数不应小于 2.5×10^4 次。 （8）储气井与站内汽车通道相邻一侧应设高度不小于 0.5 m 的防撞柱（栏）。 （9）储气井泄压放空设施应采取防堵塞和防冻措施。 （10）安全阀与井之间应设隔离阀，隔离阀在正常操作时应处于铅封开启状态。 （11）安全阀排放筒或放空管垂直向上并能防止水、冰、雪或其他异物聚集	（7）每月应检查一次井身有无上冒或者下沉现象，测量上封头与地面的距离、进出气管与地面的距离，并与以前的检查记录作对比，判断井身是否移动。并且应检查井筒与地面连接处有无裂缝。 （8）每年应对储气井进行一次严密性试验。 （9）定期进行排污；若排污管堵塞应及时联系专业公司对排污管拉出进行检查，避免污水和油污长期积聚在井筒内，加速设备腐蚀，影响储气井使用寿命。 （10）安全阀要求每年整定一次，运行中起跳过的安全阀必须重新及时整定

注：主要参考标准规范《储气井工程技术规范》（SH/T 3216）。

（三）CNG 储气瓶组

CNG 储气瓶组设备管理要求见表 3 -3。

表 3－3　CNG 储气瓶组设备管理要求

设备名称	CNG 储气瓶组	
主要组成	固定设施、储气瓶、安全附件、附属管线及阀门等	
风险场景	功能要求细则（PS）	保障措施（AT）
设备超压损坏	（1）瓶式容器设计和制造符合《钢制压力容器——分析设计标准》（JB 4732）的有关规定。 （2）储气瓶组的管道接口端不宜朝向办公区、加气岛和邻近的站外建筑物。不可避免时，应设置钢筋混凝土实体墙隔挡	（1）气瓶使用一定年限后，应按照规定定期送相关检验单位进行安全检验。 （2）气瓶在使用过程中，发觉有严重腐蚀、损伤或对其安全可靠性有怀疑时，应提前进行检验
设备管线泄漏	（3）储气瓶（组）与加气机或加气柱之间的总管上应设主切断阀。每个储气瓶（井）出口应设切断阀。 （4）储气瓶（组）进气总管上应设安全阀及紧急放空管、压力表及超压报警器	（3）使用检测仪或肥皂水检查储气瓶组所有接头处是否有泄漏
管道静电积聚	（5）设备/管线静电接地	（4）每半年检测一次接地电阻，小于 100 Ω 为合格，与其他设备共用接地则小于 30 Ω
其他	（6）储气瓶（组）泄压放空设施应采取防堵塞和防冻措施。 （7）安全阀与储气瓶（组）之间应设隔离阀，隔离阀在正常操作时应处于铅封开启状态。 （8）安全阀排放筒或放空管垂直向上并能防止水、冰、雪或其他异物聚集	（5）库存和停用时间超出一个检验周期的气瓶，启用前应进行检验。 （6）每月对储气瓶组进行排污，并将排污情况记录在表中。 （7）缓慢开启或关闭储气瓶组阀门，严禁猛开、猛关，并定时加润滑油保养

注：主要参考标准规范《汽车加油加气加氢站技术标准》（GB 50156—2021）。

二、加压设施

（一）LNG 潜液泵

LNG 潜液泵设备管理要求见表 3－4。

表 3－4 LNG 潜液泵设备管理要求

设备名称	LNG 潜液泵	
主要组成	泵罐、泵、夹套、电机、附属管线及阀门等	
风险场景	功能要求细则（PS）	保障措施（AT）
设备超压损坏	（1）泵的出口管道上应设置全启封闭式安全阀	（1）安全阀要求每年整定一次，运行中起跳过的安全阀必须重新及时整定
泵入口压力低，泵气蚀	（2）在泵的出口管道上应设置全启封闭式安全阀和紧急切断阀，泵出口宜设置止回阀	
设备温度降低过快	（3）潜液泵罐应设置温度和压力检测仪表，温度和压力检测仪表应能就地指示，并将检测信号传送至控制室集中显示	（2）定期校验温度表等仪表的准确性
设备温度过高	（4）设置超温、超压自动停泵保护	（3）定期检验动设备运行状况
设备管线泄漏	（5）设备保障性维护	
管道静电积聚	（6）设备/管线静电接地	（4）每半年检测一次接地电阻，小于 100 Ω 为合格，与其他设备共用接地则小于 30 Ω

表 3-4（续）

风险场景	功能要求细则（PS）	保障措施（AT）
其他	（7）LNG 储罐的底部（外壁）与潜液泵罐的顶部（外壁）的高差，应满足 LNG 潜液泵的性能要求。 （8）潜液泵罐的回气管道宜与 LNG 储罐的气相管道接通，且不应有袋形。 （9）在下列条件能连续正常运行：介质温度不低于 -196 ℃，不高于 -110 ℃；额定流量的 70% ~120% 范围内运行。 （10）设置防爆接线盒，氮气密封防爆保护系统	（5）泵启动前，LNG 储罐内必须保留足够量的 LNG 液体，不得低于相应的设定值。 （6）启泵前观察潜液泵罐温度和压力，避免潜液泵气蚀。 （7）泵使用过程应注意是否有异响，并检查泵体上是否有泄漏。 （8）停泵之后，应关闭进出口阀并打开回气阀。 （9）当泵的转速不为“0”时，禁止二次启动电机

（二）储罐增压气化器

储罐增压气化器设备管理要求见表 3-5。

表 3-5　储罐增压气化器设备管理要求

设备名称	储罐增压气化器	
设备组成	气化器、增压阀、附属管线及阀门等	
风险场景	功能要求细则（PS）	保障措施（AT）
换热能力不足	（1）多台 LNG 储罐可共用空温式自增压气化器。 （2）增压气化器安装高度低于储罐最低液位。 （3）气化器计算选用的环境温度值不高于当地冬季最低温度。 （4）气化器的设计压力不应小于最大工作压力的 1.2 倍	（1）观察气化器运行时外观是否结霜不均匀或过度结冰。 （2）检查各个连接部位是否有液体泄漏。 （3）定期检查气化器各个密封件是否存在老化现象。 （4）定期置换气化器进行除霜。 （5）检修之后要重新检查设备气密性，合格后方可使用

（三）卸车增压气化器

卸车增压气化器设备管理要求见表3－6。

表3－6　卸车增压气化器设备管理要求

设备名称	卸车增压气化器	
设备组成	气化器、安全阀、附属管线及阀门等	
风险场景	功能要求细则（PS）	保障措施（AT）
设备温度降低过快	（1）气化器计算选用的环境温度值不高于当地冬季最低温度	（1）观察气化器运行的时候外观是否结霜不均匀或过度结冰。 （2）定期检查气化器密封件是否存在老化现象。 （3）定期置换气化器，进行除霜。 （4）检修之后，重新检查设备气密性，合格后方可使用
设备超压损坏	（2）气化器的设计压力不应小于最大工作压力的1.2倍。 （3）安全阀与设备之间应设隔离阀，隔离阀在正常操作时应处于铅封开启状态。 （4）进出口手阀间设置热膨胀安全阀	（5）安全阀定期校验

（四）CNG压缩机

CNG压缩机设备管理要求见表3－7。

表3－7　CNG压缩机设备管理要求

设备名称	CNG压缩机	
设备组成	进口分离罐、往复式压缩机、离心式压缩机、螺杆式压缩机等	
风险场景	功能要求细则（PS）	保障措施（AT）
设备超压损坏	（1）分离缓冲罐应设压力指示仪表，并应有超压安全泄放措施	（1）日常巡检记录分离缓冲罐液位，定期排污。 （2）安全阀定期校验

表 3－7（续）

风险场景	功能要求细则（PS）	保障措施（AT）
设备管线泄漏		（3）每月检查设备的管路和连接件是否泄漏，压缩机和泵的挠性联轴器与气缸盖连接是否正确
管道静电积聚	（2）设备/管线静电接地	（4）每半年检测一次接地电阻，小于 100 Ω 为合格，与其他设备共用接地则小于 30 Ω
压缩机磨损	（3）设置压缩机组的吸气、排气管道时，应避免振动对管道系统、压缩机和建（构）筑物造成有害影响	（5）压缩机振动监测。 （6）每个季度检查压缩机机体和底板的振动
设备温度过高	（4）CNG 压缩机出口设有温度表，及温度高报警	（7）定期校验温度表等仪表的准确性
其他	（5）分离缓冲罐应设在进气总管上或每台机组的进口位置处。 （6）分离缓冲罐内应有凝液捕集分离结构。 （7）天然气压缩机宜单排布置，压缩机房的主要通道宽度不宜小于 2 m。 （8）润滑油系统内部设有加热器，用以开车前润滑油加热升温，保证机组启动时润滑油温度能升至 35～45 ℃的范围。 （9）润滑油过滤器装于润滑油泵的出口，用于对进压缩机润滑油的过滤，保证润滑油质量，一用一备。 （10）润滑油冷却器用于对出油泵后润滑油的冷却，以控制进入轴承内的油温。 （11）机组运行所需润滑油，由主油泵供给；辅助油泵在主油泵发生故障或油系统出现故障，使系统油压降低时自动启动投入运行	（8）压缩机停机时间较长或冬季气温很低的时候停车，应排尽气缸和容器管道内的水，以免机器冻裂。 （9）日常检查润滑油油位、定期抽样化验润滑油品质。 （10）定期更换润滑油过滤器

（五）CNG 注油设施

CNG 注油设施管理要求见表 3－8。

表 3－8　CNG 注油设施管理要求

设备名称	CNG 注油泵	
设备组成	油箱、注油泵	
风险场景	功能要求细则（PS）	保障措施（AT）
设备超压损坏	（1）在泵的出口管道上应设置全启封闭式安全阀和紧急切断阀，泵出口宜设置止回阀。 （2）油泵设置出口压力检测	（1）油泵运行状态监测。 （2）安全阀定期校验
设备管线泄漏		（3）每月检查设备的管路和连接件是否泄漏，压缩机和泵的挠性联轴器与气缸盖连接是否正确
油品杂质	（3）油箱油品质量检测	（4）油品定期取样分析
管道静电积聚	（4）设备/管线静电接地	（5）每半年检测一次接地电阻，小于 100 Ω 为合格，与其他设备共用接地则小于 30 Ω
其他	（5）油箱液位保持在适当位置。 （6）油箱顶部放空接至安全位置。 （7）油泵电机设置过载保护	（6）日常巡检记录油箱液位

三、放散设施

安全放散气体（EAG）加热器设备管理要求见表 3－9。

表 3-9 安全放散气体（EAG）加热器设备管理要求

设备名称	EAG 加热器	
设备组成	加热器、附属管线及阀门、阻火器、排污设施	
风险场景	功能要求细则（PS）	保障措施（AT）
设备温度降低过快或出口低温	（1）加热器出口温度不低于 -107 ℃。 （2）气化器计算选用的环境温度值不高于当地冬季最低温度	（1）检查各个连接部位是否有液体泄漏。 （2）定期置换气化器进行除霜。 （3）观察气化器运行的时候外观是否结霜不均匀或过度结冰
设备温度过高	（3）EAG 加热器管线及相连部件的设计温度不高于 -196 ℃	
设备管线泄漏		（4）检查管线及阀门是否存在泄漏
管道静电积聚	（4）设备/管线静电接地	（5）每半年检测一次接地电阻，小于 100 Ω 为合格，与其他设备共用接地则小于 30 Ω
其他	（5）气化器的设计压力不应小于最大工作压力的 1.2 倍且不低于 1.6 MPa。 （6）阻火器应满足低温泄放要求。 （7）阻火器安装位置应满足规范要求。 （8）针对排污设施需要定期进行排污，避免因杂物堵塞	（6）定期检查气化器各个密封件是否存在老化现象。 （7）检修之后要重新检查设备气密性，合格后方可使用。 （8）定期进行检查和维护，确保阻火器正常运行。 （9）定期排污（一般不超过一个月）。 （10）连续雨雾天气或沙尘天气后应立即对放散系统进行排污操作

四、加注设施

（一）LNG 加注机

LNG 加注机设备管理要求见表 3-10。

表 3-10　LNG 加注机设备管理要求

设备名称	LNG 加注机	
设备组成	计量系统、加液枪/枪座、回气枪、拉断装置、软管等	
风险场景	功能要求细则（PS）	保障措施（AT）
设备超压损坏	（1）加气系统的充装压力不大于汽车车载瓶的最大工作压力	（1）流量计、压力表定期校验
设备管线泄漏		（2）检查管线及阀门是否存在泄漏
管道静电积聚	（2）设备/管线静电接地	（3）每半年检测一次接地电阻，小于 100 Ω 为合格，与其他设备共用接地则小于 30 Ω
其他	（3）加气机计量的最大允许误差为 ±1.5%。 （4）加气机充装软管设置拉断装置。 （5）加气机配置 LNG 预冷系统，充装汽车 LNG 储罐的放散气体回收利用或引至安全放散区。 （6）软管宜采用奥氏体不锈钢金属软管，公称压力不小于装卸系统工作压力的 2 倍，最小爆破压力大于 4 倍公称压力。 （7）加气机设置防撞护栏，防撞护栏高度不小于 0.5 m。 （8）同一加气岛上两台加气机之间距离不小于 2 m。 （9）照明度要大于 100 lx，灯具必须为防爆灯，防爆等级要达到 IIC 级	（4）使用前检查加液枪外观有无异常以及插销、拉杆是否有脱落、变形。检查加液枪内、外密封圈是否损坏。 （5）加液枪操作前，进行吹扫，清理密封圈冰碴及异物。 （6）定期更换加液枪外密封圈铜垫、外密封圈和卡簧。 （7）定期检查加液软管和放空软管是否完好，有无泄漏，护网有无损坏。 （8）定期检查加气操作柱静电接地是否完好。 （9）拉断阀定期测试。 （10）检修之后要重新检查设备气密性，合格后方可使用。 （11）照明灯光照度定期校验。 （12）吹扫气源检查，吹扫接头定期测试

（二）CNG 加气机

CNG 加气机设备管理要求见表 3-11。

表 3-11　CNG 加气机设备管理要求

设备名称	CNG 加气机	
设备组成	计量系统、加液枪/枪座、回气枪、拉断装置、软管等	
风险场景	功能要求细则（PS）	保障措施（AT）
设备超压损坏	（1）对汽车充气达到 20 MPa 时自动停机	
设备管线泄漏		（1）检查管线及阀门是否存在泄漏
管道静电积聚	（2）设备/管线静电接地	（2）每半年检测一次接地电阻，小于 100 Ω 为合格，与其他设备共用接地则小于 30 Ω
其他	（3）加气机计量的最大允许误差为 ±1.0%。 （4）加气枪软管上应设安全拉断阀，加气机安全拉断阀的分离拉力宜为 400～600 N。 （5）加气机配置气体过滤器，可阻止颗粒大于 0.04 mm 的固体杂质通过，过滤器滤网面积之和必须大于管道截面面积的 5 倍。 （6）承受 35 MPa 的静态液体压力，保持 1 min，不出现永久性变形和破裂现象。 （7）25 MPa 下，保持 10 min，CNG 气路连接处无泄漏现象。 （8）同一加气岛上两台加气机之间距离不小于 2 m。 （9）加气区设照明灯，光照度不小于 100 lx。 （10）LNG 加气岛上宜配置氮气或压缩空气管吹扫接头，用于吹扫加气枪接头上可能产生的冰霜和水分	（3）加气机外观目视检查，加气机压力指示检查。 （4）每次操作加气枪前先对其进行吹扫，将异物吹出，防止密封圈损坏，延长密封圈寿命。 （5）每周检查加气机过滤器积垢程度、加气机拉断阀是否有外漏，并检查密封件是否老化损坏。 （6）每月检查加气软管磨损程度、拉断阀是否正常工作，并检查加气枪阀有无内漏或外漏。 （7）每半年对加气机内部零件进行清洁维护，检查管件是否有松动腐蚀、校验介质流量计。 （8）每年对设备安全阀进行校验、更换过滤器滤芯。 （9）定期测试拉断阀。 （10）检修之后要重新检查设备气密性，合格后方可使用。 （11）定期校验照明灯光照度。 （12）吹扫气源检查，吹扫接头定期测试

五、辅助设施

（一）脱水装置

目前加气站多用固体吸附剂脱水，此处仅对固体吸附脱水装置作相关要求（表3－12）。

表3－12　脱水装置设备管理要求

设备名称	脱水装置	
设备组成	吸附塔、循环风机、冷却风机	
风险场景	功能要求细则（PS）	保障措施（AT）
设备超压损坏		（1）流量计、压力表定期校验
设备腐蚀/泄漏	（1）设备/管线静电接地	（2）每半年检测一次接地电阻，小于100 Ω为合格，与其他设备共用接地则小于30 Ω。 （3）检查管线及阀门是否存在泄漏
其他	（2）脱水设备宜采用固体吸附剂。 （3）脱水设备的出口管道上应设置露点检测取样接口，站内应设置露点检测仪。 （4）防爆风机	（4）定期检查填料塔的保温以及塔内填料。 （5）定期检查水露点在线监测仪表。 （6）定期切换吸附塔，执行再生流程。 （7）循环风机、冷却风机等设备应定期进行保养，保持设备运行正常

（二）脱硫装置

脱硫装置设备管理要求见表3-13。

表3-13　脱硫装置设备管理要求

设备名称	脱硫装置	
设备组成	脱硫塔	
风险场景	功能要求细则（PS）	保障措施（AT）
设备超压损坏		（1）流量计、压力表定期校验
设备腐蚀/泄漏	（1）设备/管线静电接地	（2）流量计、压力表定期校验
其他	（2）脱硫设备应设在室外。 （3）脱硫系统宜设置备用脱硫塔。 （4）脱硫设备宜采用固体脱硫剂。 （5）脱硫塔前后的工艺管道上应设置硫化氢含量检测取样口，也可设置硫化氢含量在线检测分析仪	（3）脱硫剂禁止在雨天装填。 （4）禁止将脱硫剂直接向塔内倾倒，脱硫剂内袋及杂物不得带入塔内。 （5）定期更换填料，保证脱硫塔内脱硫剂在有效吸附期限内

（三）空气压缩机

空气压缩机设备管理要求见表3-14。

表3-14　空气压缩机设备管理要求

设备名称	空气压缩机	
设备组成	仪表风空压机	
风险场景	功能要求细则（PS）	保障措施（AT）
设备腐蚀/泄漏	（1）设备/管线静电接地	（1）仪表定期校验

表3-14（续）

风险场景	功能要求细则（PS）	保障措施（AT）
其他	（2）为减小驱动机启动载荷，电机驱动的压缩机启动时，控制系统应能通过自动关闭进口节流装置和打开出口排气阀来实现卸载功能。 （3）控制系统应设置一个热启动键，以保证当电机联锁停车后又需要立即热态启动时，可操作热启动键来启动电机。 （4）隔离气体应阻隔封油进入压缩机腔体并避免污染压缩介质。 （5）隔离气体应防止轴承箱的润滑油漏到大气中。 （6）隔离气体应防止外部脏物污染油系统或介质。 （7）润滑油系统内部设有加热器，用以开车前润滑油加热升温，保证机组启动时润滑油温度能升至35～45℃的范围。 （8）润滑油过滤器装于润滑油泵的出口，用于对进压缩机润滑油的过滤，保证润滑油质量，一用一备。 （9）润滑油冷却器用于对出油泵后润滑油的冷却，以控制进入轴承内的油温。 （10）机组运行所需润滑油，由主油泵供给；辅助油泵在主油泵发生故障或油系统出现故障，使系统油压降低时自动启动投入运行	（2）日常检查运行状态、温度、压力等参数，确保设备正常运行。 （3）每月检查设备的管路和连接件是否泄漏，压缩机和泵的挠性联轴器与气缸盖连接是否正确。 （4）每个季度检查压缩机机体和底板的振动。 （5）每年检查压缩机仪表的准确性及故障停车系统。 （6）压缩机停机时间较长或冬季气温很低的时候停车，应排尽气缸和容器管道内的水，以免机器冻裂。 （7）轴承箱日常外观检查。 （8）日常检查润滑油油位、定期抽样化验润滑油品质。 （9）定期更换润滑油过滤器

六、仪电系统管理

（一）阀门

阀门管理要求见表3-15。

表3－15　阀门管理要求

<table>
<tr><td>设备名称</td><td colspan="2">阀门</td></tr>
<tr><td>设备组成</td><td colspan="2">阀杆、阀体、密封填料等</td></tr>
<tr><td>系统/子系统</td><td>功能要求细则（PS）</td><td>保障措施（AT）</td></tr>
<tr><td>低温阀门</td><td>（1）在介质压力和温度交变产生的应力下，能保持足够的强度和刚度。工作温度下，不产生低温脆性破坏。
（2）内部零部件材料适应低温工况，操作中不发生卡阻、咬合和擦伤。
（3）远程控制的阀门均应具有手动操作功能。
（4）焊接端阀门的结构长度应考虑端部焊接对阀座密封的影响。
（5）双阀座阀门应设置泄压孔。
（6）用于易燃易爆介质的非金属阀座阀门应具有防静电结构。
（7）调节型控制阀优先选用4～20 mA DC信号，切断型控制阀优先选用无源干触点、24 V DC、220 V DC输入信号</td><td>（1）定期检查阀门防腐和保温，发现损坏及时修补。长期不用的大口径球阀，应定期进行开关动作，以免卡死。
（2）每半年对所有阀门启闭一次，启闭后对需要加密封脂的加密封脂。
（3）长期关闭状态下的阀门，阀体内存油容易受热膨胀，需定期检查阀门密封面密封情况，必要时可打开阀盖丝堵泄压</td></tr>
<tr><td>安全阀</td><td>（8）安全阀进出口隔离阀均应锁开或铅封开；备用安全阀进口隔离阀应锁关或铅封关，出口隔离阀宜锁开或铅封开。
（9）安全阀应设置在所保护系统上易于安装、检查、维护的部位。
（10）安全阀应设置在靠近压力源的位置。当用于气相介质时，应设置在气相空间（包括液体上方的气相空间）或与该空间相连通的管线上</td><td>（4）安全阀日常泄漏、防腐检查。
（5）安全阀定期校验</td></tr>
</table>

（二）仪表及站控系统

仪表及站控系统管理要求见表3－16。

表3－16　仪表及站控系统管理要求

设备名称	仪表及站控系统	
设备组成	压力表、温度表、流量表、PLC等	
系统/子系统	功能要求细则（PS）	保障措施（AT）
控制系统	（1）中心控制室的人机界面显示设备、阀门状态。 （2）PLC根据设定值，触发报警	（1）仪表定期校验，阀门定期测试。 （2）定期检查用电电源、线路，保证接触良好，没有老化、漏电、潮湿、损坏等现象
紧急停机系统	（3）根据联锁因果表准确地响应ESD触发信号。 （4）在实际需求期间（如设备运行、停机），应验证最终元件的功能，包括行程时间和阀门位置。 （5）启动单个触发机构之后，应启动视觉和听觉报警，清楚地指示出受影响的系统。 （6）中心控制室的人机界面应提供停机级别以及阀门状态的显示，并且显示由SIS系统记录的事件序列。 （7）ESD系统最终元件应设计成故障关闭（故障安全型）	（3）ESD系统定期测试。 （4）预防性维护

（三）可燃气体报警系统

可燃气体报警系统管理要求见表3－17。

表3－17　可燃气体报警系统管理要求

设备名称	可燃气体报警系统	
设备组成	点式可燃气体探测器、开路式可燃气体探测器、低温探头等	
系统/子系统	功能要求细则（PS）	保障措施（AT）
可燃气体探头	（1）加气站、加油加气合建站、加油加氢合建站内设置有 LNG 设备的露天场所和设置有 CNG 设备的房间内、箱柜内、罩棚下，应设置可燃气体探测器。 （2）可燃气体探测器一级报警设定值应小于或等于可燃气体爆炸下限的25%。 （3）可燃气体释放源检测点：气体压缩机和液体泵的动密封、液体采样口和气体采样口、液体（气体）排液（水）口和放空口、经常拆卸的法兰和经常操作的阀门组。 （4）泄漏气体重于空气，探测器安装高度距地坪（楼地板）0.3～0.6 m，泄漏气体轻于空气时，探测器安装高度在释放源上方2.0 m内；泄漏气体略重于空气时，探测器安装高度在释放源下方0.5～1.0 m；泄漏气体略轻于空气时，探测器安装高度在释放源上方0.5～1.0 m	（1）可燃气体探测器定期校验。 （2）定期检查报警器的报警记录，记录每次报警的时间和原因，以便排查问题和解决问题
UPS	（5）报警系统应配有不间断电源，供电时间不宜少于60 min	（3）UPS 定期测试

（四）供配电设备

供配电设备管理要求见表3－18。

表3-18　供配电设备管理要求

设备名称	供配电设备	
设备组成	变压器、配电柜、开关柜、电缆等	
系统/子系统	功能要求细则（PS）	保障措施（AT）
供电装置	（1）加油站、LPG加气站宜采用电压为380/220 V的外接电源，CNG加气站、LNG加气站、加氢合建站宜采用电压为10 kV的外接电源。 （2）汽车加油加气加氢站的电缆宜采用直埋或电缆穿管敷设。电缆穿越行车道部分应穿钢管保护。 （3）当采用电缆沟敷设电缆时，作业区内的电缆沟内必须充沙填实	（1）配电柜、开关柜日常点检。 （2）电缆外观检查，电缆套管外观检查。 （3）每季度对配电柜/控制柜断电除尘，除尘过程中变频器需要进行包裹，防止尘土附在电路上，造成电路间短路。整体除尘完毕后再进行变频器除尘。 （4）每季度对配电柜/控制柜配风扇进行合闸通电测试，观察其是否正常工作。 （5）每季度对变频器固定螺母进行紧固，防止变频器运行过程中产生强烈抖动造成螺母松动
应急电源	（4）汽车加油加气加氢站的消防泵房、罩棚、营业室、LPG泵房、压缩机间等处均应设置应急照明，连续供电时间不应少于90 min。 （5）当引用外电源有困难时，汽车加油加气加氢站可设置小型内燃发电机组。 （6）加油加气加氢站的供电负荷等级可分为三级，信息系统应设不间断供电电源	（6）UPS定期测试

第四章

作业及运行风险管理

加气站常规作业主要包括 LNG 卸车作业、LNG/CNG 加注作业、常规检维修作业；日常运行期间主要涉及巡检、交接班等日常操作。运行风险管理将基于这些操作进行梳理。

一、作业风险管理要求

（一）卸车作业管理要求

（1）加气站应制定卸车作业操作规程，明确各操作步骤、要求和标准。

（2）卸车作业前，应做好如下安全措施：

a）槽车进站前，进行槽车进站安全检查，包括：司押人员相关证件，槽车运行、外观及安全附件等，并对司押人员进行安全教育。

b）引导槽车至指定位置安全停靠后，应对加气站现场进行安全检查，确保设备设施状态、工况、作业环境满足卸车安全条件。

（3）卸车作业过程，应做好如下安全管理：

a）作业人员要正确穿戴合格劳保防护用品，使用防爆电气设备及工器具。

b）做好卸车作业警示隔离，采取可靠的防静电措施。

c）严格按照操作规程进行卸车作业。

d）卸车过程应全程监护，检查设备、管道、附件有无“跑冒滴漏”现象，重点监测储罐、潜液泵等设备压力、温度、液位参数。

e）如遇异常情况，第一时间停止卸液，立即按加气站应急预案处置并上报。

（4）卸车作业完成后，应对作业现场进行清理和检查，确保无隐患后，引导槽车驶离加气站。

（二）加注作业管理要求

（1）加气站应建立加气作业操作规程，明确各操作步骤、要求和标准。

（2）引导加气车辆安全停靠至指定位置，进行加气前安全检查并记录，包括但不限于：

a）车辆状态检查：熄火、断电、限行及其他异常情况。

b）气瓶是否在定检有效期，外观、管路及附件是否有缺陷。

c）加气机工作状态是否正常。

（3）加气作业过程，应做好如下安全管理：

a）作业人员要正确穿戴合格劳保防护用品，使用防爆电气设备及工器具。

b）采取可靠的防静电措施，充装口应保持干燥、洁净。

c）严格按照操作规程进行加气作业。

d）加气全程监护，观察设备是否存在“跑冒滴漏”现象，监测加气流量、压力、温度等参数及潜液泵运行状态。

e）如遇异常情况，第一时间停止加气，并按加气站应急预案进行处理并上报。

（4）加气结束后，应对充装口及气瓶部位进行检查并记录，确保无其他安全隐患，引导加气车辆驶离加气站。

（三）检维修作业管理要求

（1）加气站应制定检维修作业及作业许可相关管理制度，明确加气站检维修作业内容、方法及安全措施。

（2）加气站开展检维修作业前，应做好如下安全管理：

a）对作业现场和作业过程中可能存在的危险、有害因素进行辨识，制定相应的安全措施。

b）根据检维修作业的范围、标准、要求等，编制检维修作业方案。

c）审核涉及特种作业和特种设备作业人员资质及证件有效期，确保持证上岗。

d）对检维修作业人员进行检维修作业方案、危害因素、安全措施、应急处置等内容的安全交底培训。

e）对作业现场及作业涉及的设备、设施、工器具等进行检查，并交付于作业人员。

f）严格执行作业许可管理规定，办理相关作业许可票证。

（3）检维修作业过程中，应做好如下安全管理：

a）检维修作业现场应安排取得相应监护资格的监护人员。

b）应按照作业方案及许可要求组织开展工作，并做好作业监督检查，落实风险控制措施。

c）作业人员正确穿戴满足《个体防护装备配备规范　第1部分：总则》（GB 39800.1—2020）要求的个体防护装备。

d）若出现以下情况，检维修作业应暂停或终止：

（a）现场出现一般的报警。

（b）违章操作。

（c）作业过程发生冲突。

（d）作业现场出现异常情况。

（4）加气站在检维修作业后，应做好如下安全管理：

a）应保证作业现场安全情况良好，及时恢复作业时拆移安全设施的使用功能。

b）作业完成后，恢复正常作业环境，确保无其他安全隐患，方可关闭作业。

二、运行风险管理要求

（一）巡检管理要求

（1）加气站应制定巡回检查管理制度，明确加气站员工巡检路线、巡检频次与时间、巡检内容及标准。

（2）巡检的内容包括但不限于：

a）设备及管道压力、温度是否正常。

b）各连接部位有无泄漏。

c）储罐外观有无结霜和“冒汗”现象。

d）气化器的结霜情况。

e）设备有无异常响动。

f）现场仪表、阀门的允许情况，现场就地及远传仪表的对应情况。

g）场站其他安全情况。

（3）巡检时应遵循“听、摸、比、看、闻”五字巡检要素。

（4）如巡检时发现异常情况，在保证个人安全的前提下，应及时处理并汇报。无法处理的，应及时上报，并将异常情况和处理措施登记在巡检记录表内。

（5）加气站安全生产管理人员，应定期监督检查巡检责任履行情况。

（二）交接班管理要求

（1）加气站应制定交接班管理制度，明确加气站员工交接班时间、地点、内容等程序。

（2）交接班人员应做好如下交接班准备：

a）将交接班记录表、巡回检查记录表、工艺巡查记录表等填报完整。

b）准备交接班汇报内容。

c）交班人员做好岗位卫生和现场卫生工作。

d）接班班组人员应提前到达工作场所，对所辖工作范围进行预巡检，阅读交接班记录、报表等。

（3）交接内容遵守“十交”“五不接”原则：

a）十交：交任务、交指标、交操作、交质量、交设备、交安全环保和卫生、交问题、交经验、交工具、交记录。

b）五不接：设备不好不接；工具不全不接；操作情况不明不接；记录不全不接；卫生不好不接。

（4）如遇以下异常情况，交班人员不得离岗，并立即报告，具体交接事项及时间由加气站负责人决定。

a）接班人在规定时间未到、未履行交接班手续或者不具备接班状态。

b）槽车卸液异常工况未处理完。

c）生产装置设备发生故障未处理完。

d）生产装置不稳定且原因不明。

e）装置区跑、冒、滴、漏原因未查明。

f）安全阀起跳，压力未恢复至正常或安全阀未回座。

g）控制室报警未消除。

第五章

消防安全管理

本章节重点梳理了汽车加气站经营过程点火源与消防设施的相关管理要求。

一、点火源管理

汽车加气站典型点火源包括明火源、机械点火源、电气点火源等。

（一）防火要求

1. 明火源

加气站的明火源一般包括生活性明火（如火柴、香烟喷出火花）和生产性明火（如检维修动火作业）。明火源应遵循如下管理要求。

（1）加气站明火点与散发火花点与加气站危险爆炸区域必须符合《汽车加油加气加氢站技术标准》（GB 50156—2021）安全距离要求。

（2）加气站内严禁吸烟，在明显位置设置醒目的禁火标志。

（3）进入加气站的 LNG 槽车，必须安装阻火帽。

（4）LNG 罐车卸料前须熄火，并将车钥匙交给工作人员。

（5）进入加气站的社会车辆，加注前应熄火，加注车辆司机及乘客应前往安全位置等待。

（6）动火等涉及明火的特殊作业需按照规章制度进行。

2. 机械点火源

加气站的机械点火源一般为设备使用时因撞击、摩擦产生的火花。机械点火源应遵循如下管理要求。

（1）严禁在加气站内从事可能产生机械火花的行为，如检修车辆、敲击铁器、穿钉鞋等。

（2）对加气机等维护保养时，必须使用专用防爆工器具。

（3）采用金属软管卸气时，应采取措施避免软管与场站地面及其它设施设备之间摩擦碰撞产生火花。

3. 电气点火源

加气站的电气点火源包括场站电气线路或设备接触不良或开关电路时产生的电弧、电火花以及电气漏电等，也包括由雷电和静电引起的电火花。电气点火源应遵循如下管理要求。

（1）加气站爆炸危险区域的电气设备的选型、安装、电力线路敷设应符合现行国家《爆炸危险环境电力装置设计规范》（GB 50058—2014）的有关规定。

（2）加气站内电气设备或线路应不存在破损、短路、接头松动等情况。

（3）在加气站爆炸危险区域内严禁使用非防爆型的电子设备。

（二）静电防护要求

（1）加气站内的储罐、管道等工艺设备和建、构筑物的静电接地总体设计应符合国家现行标准《石油化工静电接地设计规范》（SH/T 3097）的规定。

（2）加气站静电防护应遵循如下要求：

a）加气站管道应设置静电跨接，确保管线间电阻小于 0.03 Ω。

b）加气站的管道应设防静电和防感应雷的共用接地装置，接地电阻不应大于 30 Ω。

c）LNG 罐车卸车场地应设卸车临时用的防静电接地装置，并应设置能检测跨接线及监视接地装置状态的静电接地仪。

d）防静电接地装置的接地电阻不大于 100 Ω。

（3）加气站静电防护应遵循如下维护、保养原则要求：

a）加气站的静电防护装置可参照所在区域（建筑）防雷接地检查周期进行。

b）定期利用静电检测仪对加气机、加气枪进行静电导通检测，确保良好的等电位连接。

c）静电跨接、接地装置要保持良好完整，发现损坏及时修复。

（4）加气站运行操作应遵循如下防静电要求：

a）进入加气站作业区域的人员须用手触摸人体静电消除装置，待导除静电后方可进入。

b）须穿戴防静电工作服，严禁穿戴化纤服装以及在生产区脱换衣服。

c）槽车卸液、车辆加注作业前，应做好静电释放连接措施。

（三）防雷要求

（1）加气站储罐区、加注区等处于燃烧爆炸危险环境的生产用房，其防雷设计应符合现行国家标准《建筑物防雷设计规范》（GB 50057—2010）中“第二类防雷建筑物”的规定；加气站生产管理及辅助用建筑物，其防雷设计应符合《建筑物防雷设计规范》（GB 50057—2010）中“第三类防雷建筑物”的规定。

（2）加气站防雷装置应遵循如下设计原则：

a）加气站储罐必须进行防雷接地，接地点不应少于两处；供电系统的电缆金属外皮或电缆金属保护管两端均应接地，场站的防雷接地、防静电接地、电气设备的工作接地、保护接地及信息系统的接地等宜共用接地装置，接地电阻不应大于 4 Ω。

b）加气站的站房和罩棚等建筑物需要防直击雷时，应采用接闪带（网）保护。

c）加气站的信息系统应采用铠装电缆或导线穿钢管配线。配线电缆铠装金属层两端、保护钢管两端均应接地。

（3）加气站防雷装置应遵循如下维护、保养要求：

a）应至少每半年委托有资质的检测机构对加气站建（构）筑物、设备设施雷电防护装置进行检测。

b）定期巡查防雷装置各部件，如接闪器、引下线、接地装置部件等外观形态、连接程度，并按要求进行维护和处置。

c）雷雨天气前、后，应及时组织巡查加气站重点区域的雷电防护装置是否完好、有效。

（4）禁止在高强闪电或雷击频繁时加气，暴风雷雨天气期间，禁止进行充装、卸车、维修、电工操作等作业。

（四）防爆要求

（1）加气站涉及卸车区、储存区、气化区、调压区等处于燃烧爆炸危险环境的生产区域，其防爆设计应符合现行的行业标准《危险场所电气防爆安全规范》（AQ 3009—2007）、《爆炸性环境　第 1 部分：设备　通用要求》（GB 3836.1—2010）、《爆炸性环境　第 2 部分：由隔爆外壳“d”保护的设备》（GB 3836.2—2010）、《爆炸性环境　第 3 部分：由增安型“e”保护的设备》（GB 3836.3—2010）、《爆炸性环境　第 15 部分：电气装置的设计、选型和安装》（GB 3836.15—2017）、《爆炸性环境　第 16 部分：电气装置的检查与维护》（GB 3836.16—2017）。

（2）加气站防爆电气线路的安装。

a）电气线路应敷设在加气站内爆炸危险性较小的区域或距离释放源较远的位置，避开易受机械损伤、振动、腐蚀、粉尘积聚以及有危险温度的区域。

b）为保证加气站作业安全，应对每一电路或电路组采取适当的方法进行隔离，并立即使用与隔离措施一致的标签对被控制电路和电路组进行标记。

c）在加气站危险区域内使用的电缆应避免设置中间接头。当不能避免时，除特殊情况外，连接必须采用适合场所防爆型式的外壳进行封闭；若连接部分不能承受机械应力，应按制造商说明，用环氧树脂、复合材料或热缩管进行密封处理。

（3）加气站防爆电气日常检查和维护。

a）新投运的加气站在整套电气装置或设备投入运行前应进行初始检查；投入运行后，为保证电气装置处于良好状态，可在加气站危险区域长期使用，应进行定期检查或安排专业人员连续监督。

b）若电气装置或设备在检查期间需要拆卸，在重新组装时，应采取措施保证防爆型式完整不受损坏，包括清除残留的粉尘和更换垫圈。

c）对电气装置进行初始检查、定期检查的结果都应该记录和保存。

d）软电缆、挠性管及其终端连接，要按照规定的时间间隔进行检查，出现损坏或缺损时应及时更换。

e）若电气设备被永久拆除，与其相关的所有供电电源导线均应被断开、拆除，或者正确接入适当外壳内的端子。

二、消防设施

汽车加气站消防设施包括主动消防设施（如消火栓系统、火灾自动报警系统）、被动消防设施（如疏散出口、疏散通道、消防应急照明和疏散指示系统）和消防控制系统。

（一）主动消防设施管理要求

加气站涉及的主动消防设施主要有：消火栓系统、火灾自动报警系统、灭火器等。

1. 消火栓系统

加气站的消火栓系统为室外消火栓系统，由消防水源、消防供水设备、室外消防给水管网和室外消火栓灭火设施等组成，室外消火栓灭火设施包括室外消火栓、水带、水枪等。加气站消火栓系统需遵循如下要求：

（1）加气站采用的消火栓系统应满足国家现行标准《室外消火栓》（GB 4452—2011）要求的产品。

（2）加气站室外消火栓宜沿场站均匀布置，且不宜集中布置在建筑一侧；建筑消防扑救面一侧的室外消火栓数量不宜少于2个。

（3）工作人员要定期对室外消火栓进行检查，检查内容包括但不限于：消火栓外观是否生锈、水压是否正常、阀门是否能正常启闭、接口有无松动及漏水等。

（4）对室外消火栓的活动部件进行润滑，保持其灵活。

（5）在寒冷季节，对室外消火栓采取防寒保暖措施，防止冻裂。

2. 火灾自动报警系统

加气站涉及的火灾自动报警系统为可燃气体探测报警系统，多由可燃气体报警控制器、可燃气体探测器和火灾报警装置组成。加气站可燃气体探测报警系统需遵循如下要求：

（1）加气站采用的可燃气体报警控制器、可燃气体探测器需符合国家现行标准《可燃气体报警控制器》（GB 16808—2008）、《可燃气体探测器　第1部分：工业及商业用途可燃气体探测器》（GB 15322.1—2020）的相关规定。

（2）可燃气体检测器一级报警设定值应小于或等于可燃气体爆炸下限的25%。

（3）可燃气体报警控制器宜集中设置在控制室或值班室内。

（4）可燃气体探测报警系统应配有不间断电源。

（5）可燃气体探测报警系统应定期检定，保障其灵敏度和精准度。

（6）可燃气体探测器至少每年进行一次校验与标定。

（7）日常维护应检查可燃气体探测器所在场所中是否受到灰尘、溅水、腐蚀等情况的影响。

（二）被动消防设施管理要求

加气站涉及的被动消防设施为安全疏散系统，主要包括疏散出口、疏散通道、消防应急照明和疏散指示系统等。

1. 疏散出口、疏散通道

（1）加气站的疏散出口、疏散通道的设计应满足国家现行标准《建筑防火通用规范》（GB 55037—2022）第 7.1.4 条规定，疏散出口门净宽度不应小于 0.80 m、首层疏散外门的净宽度不应小于 1.1 m；疏散走道的净宽度不应小于 1.1 m。

（2）加气站应保持疏散通道、疏散出口畅通，严禁占用疏散通道，严禁在疏散出口或疏散通道上安装栅栏等影响疏散的障碍物。

（3）严禁在营业或工作期间将疏散出口上锁。

2. 消防应急照明和疏散指示系统

（1）加气站采用的消防应急照明和疏散指示系统应满足国家现行标准《消防应急照明和疏散指示系统》（GB 17945—2011）的要求。

（2）加气站的消防泵房、罩棚等处均应设应急照明装置，连续供电时间不应少于 90 min。

（3）当引用外电源有困难时，加气站可设置小型内燃发电机组。内燃机的排烟管口应安装阻火器。

（4）加气站内爆炸危险区域以外的照明灯具可选用非防爆型。罩棚下处于非爆炸危险区域的灯具应选用防护等级不低于 IP44 级的照明灯具。

（5）确认消防安全疏散指示标志、应急照明等设施处于正常状态，并定期组织检查、测试、维护和保养。

（三）消防控制系统管理要求

消防控制系统是接收火警报警控制器发出的火灾报警信号，进而实现辅助人员安全疏散、自动灭火的等消防功能。

（1）加气站消防控制系统内各产品须满足国家现行标准《消防联动控制系统》（GB 16806—2007）、《消防设备电源监控系统》（GB 28184—2012）等要求。

（2）加气站在生产经营过程中要确保消防控制系统处于正常工作状态，不得将应处于自动状态的设为手动状态。

第六章

应 急 准 备

应急准备能够在突发事件来临时为企业提供应对之策，是降低损失、保护生命财产安全的重要保障。只有具备科学实用的应急预案、完备的应急资源才能确保企业在危急时刻科学化解风险，有效行动，最大化地降低损失。此外，本章除了介绍应急预案的管理与应急资源的管理之外，还提供了加气站经营企业典型场景的应急处置方案，为完善应急预案提供参考。

一、应急预案的管理

汽车加气站应按照《生产安全事故应急预案管理办法》规范生产安全事故应急预案管理工作，参照《生产经营单位生产安全事故应急预案编制导则》（GB/T 29639—2020）编制加气站生产安全事故应急预案。

（一）应急预案编制

编制应急预案应当成立编制工作小组，由本单位有关负责人任组长，吸收与应急预案有关的职能部门和单位的人员，以及有现场处置经验的人员参加。编制应急预案前，编制单位应当进行事故风险辨识、评估和应急资源调查。

加气站应急预案分为综合应急预案、专项应急预案和现场处置方案。

1. 综合应急预案

综合应急预案，是指加气站为应对各种生产安全事故而制定的综合性工作方案，是本单位应对生产安全事故的总体工作程序、措施和应急预案体系的总纲。

综合应急预案应包括以下内容：

1）总则

（1）适用范围。

（2）响应分级。

2）应急组织机构及其职责

略。

3）应急响应

（1）信息报告。

（2）信息接报。

（3）信息处置与研判。

4）预警

（1）预警启动。

（2）响应准备。

（3）预警解除。

（4）响应启动。

（5）应急处置。

（6）应急支援。

（7）响应终止。

5）后期处置

略。

6）应急保障

（1）通信与信息保障。

（2）应急队伍保障。

（3）物资装备保障。

（4）其他保障。

2. 专项应急预案

专项应急预案，是指加气站为应对某一种或者多种类型生产安全事故，或者针对重要生产设施、重大危险源、重大活动制定的专项性工作方案。

专项应急预案应包括适用范围、应急组织机构及职责、响应启动、处置措施、应急保障等内容。专项应急预案与综合应急预案中的应急组织机构、应急响应程序相近时，可在专项应急预案中直接引用即可，不再编制详细内容。

3. 现场处置方案

现场处置方案，是指加气站根据不同生产安全事故类型，针对具体场所、装置或者设施制定的应急处置措施。

现场处置方案应包括事故风险描述、应急工作职责、应急处置、注意事项等内容。

4. 应急处置卡

加气站应当在编制应急预案的基础上，针对工作场所、岗位的特点，编制简明、实用、有效的应急处置卡。

应急处置卡应规定重点岗位的应急处置程序和措施，以及相关联络人员和联系方式，便于从业人员携带。应急处置卡（示例）见表6－1。

表6－1 应急处置卡（示例）

主要风险	加气机拉断阀泄漏
应急处置程序及措施	紧急切断：按下加气机急停按钮
	控阀：关闭加液机进液阀、回气阀

表 6－1（续）

主要风险	加 气 机 拉 断 阀 泄 漏
应急处置程序及措施	报告：将事件上报至现场负责人
	疏散：疏散加气站内人员及车辆
	警戒：根据现场实际情况划定警戒区域，禁止无关人员进入
	处置：打开加气机放散阀进行放散卸压，卸压完成后，进行维修
	恢复：维修完成后，恢复生产运行
注意事项	维修及监护人员做好劳动防护，在防爆区域内维修时要使用防爆工具，落实其他安全措施
联系方式	公司应急办公室电话： 消防：119；公安：110；医院：120

（二）应急预案的评审、公布和备案

加气站应当按照属地应急管理部门要求，对本单位编制的应急预案进行评审，并形成书面评审纪要。

应急预案经评审后，由本单位主要负责人签署，向本单位从业人员公布，并在应急预案公布之日起 20 个工作日内，在应急管理部门和其他负有安全生产监督管理职责的部门备案，并依法向社会公布。

（三）应急预案的实施

1. 应急培训

加气站应当组织开展本单位的应急预案、应急知识、自救互救和避险逃生技能的培训活动，使有关人员了解应急预案内容，熟悉应急职责、应急处置程序和措施。

应急培训的时间、地点、内容、师资、参加人员和考核结果等情况应当如实记入本单位的安全生产教育和培训档案。

2. 应急预案的演练

加气站应当制定本单位的应急预案演练计划，根据本单位的事故风险特点，按照《生产安全事故应急预案管理办法》及属地安全生产监督管理部门要求的演练频次开展应急演练。应急演练要做好记录，记录文件包含文字记录、照片或视频等。

应急预案演练结束后，演练组织单位应当对应急预案演练效果进行评估，撰写应急预案演练评估报告，分析存在的问题，并对应急预案提出修订意见。

3. 应急预案的评估

加气站应当每三年进行一次应急预案评估。对预案内容的针对性和实用性进行分析，并对应急预案是否需要修订作出结论。对满足修订情形的及时修订并归档，并对涉及重要内容变更的内容按照有关报备程序重新备案。

二、应急资源的管理

加气站应当按照应急预案的规定，完善应急指挥体系，配备相应的应急救援队伍、应急物资及装备，建立应急设施及物资的有关制度和记录档案。

应急设施和物资应严格按照产品说明书的要求进行日常检查、定期维护保养，应急物资应存放在便于取用的固定场所，摆放整齐，不应随意摆放，挪作他用。

应急设施和物资应保持完好，处于随时可用状态。物资若有损坏或影响安全使用的，应及时修理、更新或报废。

应急设施和物资的使用人员应接受相应的培训，熟悉装备的用途、技术性能及有关使用说明资料，并遵守操作规程。

加气站常见的应急设施有消防设施、应急通道、应急照明、安全出口、紧急集合点和应急发电机等。

应急救援物资配备参照《危险化学品单位应急救援物资配备要

求》（GB 30077—2024）执行。

三、典型场景的应急处置

按照风险辨识情况，对照《企业职工伤亡事故分类标准》（GB 6441—1986）加气站各类风险场景可能存在的事故类型见表6－2。

表6－2 加气站事故类型

<table>
<tr><th colspan="3">风险场景</th><th>事故类型</th></tr>
<tr><td rowspan="10">设备设施</td><td rowspan="3">存储设施</td><td>LNG储罐</td><td>设备损坏泄漏、超压泄漏、超压爆炸、火灾、爆炸、人员伤亡（物体打击、灼烫、窒息、冻伤）</td></tr>
<tr><td>CNG储气井</td><td rowspan="2">设备损坏泄漏、超压泄漏、超压爆炸、火灾、爆炸、人员伤亡（物体打击、灼烫、窒息）</td></tr>
<tr><td>CNG储气瓶组</td></tr>
<tr><td rowspan="5">加压设施</td><td>LNG潜液泵</td><td>设备损坏泄漏、超压泄漏、超压爆炸、火灾、爆炸、人员伤亡（物体打击、灼烫、窒息、冻伤）</td></tr>
<tr><td>储罐增压气化器</td><td rowspan="2">设备损坏泄漏、超压泄漏、超压爆炸、火灾、爆炸、人员伤亡（物体打击、灼烫、窒息）</td></tr>
<tr><td>卸车增压气化器</td></tr>
<tr><td>CNG压缩机</td><td>设备损坏泄漏、超压泄漏、超压爆炸、火灾、爆炸、人员伤亡（物体打击、机械伤害、灼烫、窒息）</td></tr>
<tr><td>CNG注油设备</td><td>设备损坏泄漏、超压泄漏、超压爆炸、火灾、爆炸、人员伤亡（物体打击、灼烫、窒息）</td></tr>
<tr><td>气化设施</td><td>安全放散气体（EAG）加热器</td><td>设备损坏泄漏、超压泄漏、超压爆炸、火灾、爆炸、人员伤亡（物体打击、灼烫、窒息）</td></tr>
</table>

表 6－2（续）

<table>
<tr><th colspan="3">风险场景</th><th>事 故 类 型</th></tr>
<tr><td rowspan="9">设备设施</td><td rowspan="2">加注设施</td><td>LNG加注机</td><td>设备损坏泄漏、超压泄漏、超压爆炸、火灾、爆炸、人员伤亡（物体打击、灼烫、窒息、冻伤）</td></tr>
<tr><td>CNG加注机</td><td>设备损坏泄漏、超压泄漏、超压爆炸、火灾、爆炸、人员伤亡（物体打击、灼烫、窒息）</td></tr>
<tr><td rowspan="4">仪电系统</td><td>阀门</td><td>设备损坏泄漏、超压泄漏、超压爆炸、火灾、爆炸、人员伤亡（物体打击、灼烫、窒息、冻伤）</td></tr>
<tr><td>仪表站控系统</td><td>—</td></tr>
<tr><td>可燃气体报警系统</td><td>—</td></tr>
<tr><td>供配电设备</td><td>电气火灾、人员伤亡（触电）</td></tr>
<tr><td rowspan="3">辅助设施</td><td>脱水装置</td><td rowspan="2">设备损坏泄漏、超压泄漏、超压爆炸、火灾、爆炸、人员伤亡（物体打击、灼烫、窒息）</td></tr>
<tr><td>脱硫装置</td></tr>
<tr><td>空气压缩机</td><td>人员伤亡（物体打击、机械伤害）</td></tr>
<tr><td rowspan="6">作业流程</td><td rowspan="3">LNG加气站</td><td>卸车作业</td><td rowspan="2">设备损坏泄漏、超压泄漏、超压爆炸、火灾、爆炸、人员伤亡（物体打击、车辆伤害、灼烫、窒息、冻伤）</td></tr>
<tr><td>加注作业</td></tr>
<tr><td>检维修作业</td><td>设备损坏泄漏、超压泄漏、超压爆炸、火灾、爆炸、人员伤亡（物体打击、机械伤害、触电、灼烫、窒息、冻伤）</td></tr>
<tr><td rowspan="3">CNG加气站</td><td>卸车作业</td><td>设备损坏泄漏、超压泄漏、超压爆炸、火灾、爆炸、人员伤亡（物体打击、车辆伤害、灼烫、窒息）</td></tr>
<tr><td>加气作业</td><td>设备损坏泄漏、超压泄漏、超压爆炸、火灾、爆炸、人员伤亡（物体打击、机械伤害、车辆伤害、灼烫、窒息）</td></tr>
<tr><td>检维修作业</td><td>设备损坏泄漏、超压泄漏、超压爆炸、火灾、爆炸、人员伤亡（物体打击、机械伤害、触电、灼烫、窒息）</td></tr>
<tr><td rowspan="3">其他</td><td colspan="2">环境</td><td>人员伤亡（车辆伤害、中暑）</td></tr>
<tr><td colspan="2">安保</td><td>人员伤亡（物体打击）</td></tr>
<tr><td colspan="2">职业健康</td><td>听力受损</td></tr>
</table>

其中燃气泄漏为加气站最典型事故类型，加气站燃气泄漏应急处置方案（示例）见表6－3。

表6－3　加气站燃气泄漏应急处置方案（示例）

步骤		响应程序	责任人
征兆		1. 卸车区发生泄漏； 2. 储罐区发生泄漏； 3. 加注区发生泄漏； 4. 其他区域发生泄漏的场景	发现人
事件确认与报警		现场迅速确认泄漏位置、泄漏情况、人员受伤情况等，向周边人员大声呼喊并发出警告，并报告站长事故发生的位置、类型、程度	发现人
		按照事故事件报送内容和时限要求，向上级单位进行报告	现场负责人
现场处置方案启动		根据现场实际情况确定启动现场处置方案	现场负责人
应急处置措施	操作程序及工艺控制	紧急切断：立即就近按下急停按钮或由其他人员切断控制柜急停按钮，停止加注与卸车作业	现场作业人员
		断电：当泄漏的燃气可能蔓延至非防爆区域时，关闭电源总闸	现场作业人员
		维修：在确保人身安全的情况下，穿戴合适有效的防护用品后，携带处置工具进入泄漏区，实施救援抢险工作	现场作业人员
	疏散警戒	疏散：组织现场相关人员撤离至泄漏点上风方向	现场作业人员
		警戒：应根据现场实际情况划定疏散警戒区和隔离区，对周边危险区域进行布控，禁止无关人员进入	
	现场支持	就近使用消防设施或器材等，在上风口处警戒	现场作业人员
	系统保障	现场紧急停止按钮、消防栓系统	现场作业人员

表 6-3（续）

<table>
<tr><th colspan="2">步骤</th><th>响　应　程　序</th><th>责任人</th></tr>
<tr><td rowspan="3">应急处置措施</td><td>人员救护</td><td>如果有人员受伤，立即组织现场救援</td><td>现场作业人员</td></tr>
<tr><td>外部救援</td><td>医院（120）；消防（119）；向周边企业求助</td><td>现场负责人</td></tr>
<tr><td>应急恢复</td><td>现场完成抢险救援，经检测现场无可燃气体后，现场清理，恢复作业</td><td>现场负责人</td></tr>
<tr><td colspan="2">其他应急预案衔接</td><td>人身伤害应急处置方案、火灾专项应急处置方案等</td><td>现场负责人</td></tr>
<tr><td colspan="2">注意事项</td><td>1. 劳保防护：防静电工作服、防冻手套（LNG 加气站）、防喷溅面罩（LNG 加气站）、防冻服（LNG 加气站）等
2. 应急器材：正压式呼吸器、便携式可燃气体探测仪、堵漏装备等
3. 工具使用：抢修必须使用防爆工具，严禁使用非防爆工具
4. 正压式呼吸器和消防器材使用后，要及时进行充装，确保处于随时可用状态</td><td>现场作业人员</td></tr>
</table>

第七章

变更管理

变更管理贯穿于安全管理的全生命周期，是加气站实现风险防控的一个关键环节。通过实施有效的变更管理，能够尽可能减少或杜绝因变更所引发的安全事故，推动加气站自身的安全可持续发展。

一、变更分类

变更应包含但不局限于以下三个方面。

（一）工艺技术变更

主要包括生产能力，原辅材料和介质，工艺路线、流程及操作条件，工艺操作规程或操作方法，工艺控制参数，仪表控制系统（包括安全报警和联锁值的改变），水、电、气、风等公用工程等方面的改变。

（二）设备设施变更

主要包括设备设施的更新改造，非同类型替换（包括型号、材质、安全设施、设备运行参数的变更），布局改变，备件、材料的改变，监控、测量仪表的变更，计算机及软件的变更，电气设备的变更，增加临时的电气设备等方面的改变。

（三）管理变更

主要包括安全和生产相关的关键岗位人员、供应商和承包商、管理机构、管理职责、管理制度和标准、生产组织方式等方面的改变。

二、变更管理程序

（一）变更申请

（1）变更申请前，申请人应组织相关人员进行变更内容的 QHSE 风险分析和可行性评估，并向变更主管部门提出变更申请。

（2）一般变更的风险评估由变更项目的主管部门组织完成。

（3）重大变更的风险评估，应由变更项目的主管部门组织评价小组开展，评价小组应由工程、生产、QHSE 等职能部门或专家组成。

（4）对于临时变更，应在申请时明确执行的起止时间，原则上不超过 6 个月。临时变更期满后应恢复到变更前的状态。临时变更期间应对所产生的 QHSE 影响进行管理和控制。

（二）风险评估

（1）发起的任何变更均应开展风险评估。

（2）变更的风险包括变更实施过程中的风险和变更实施以后的风险。

（3）变更实施过程中的风险评估可在作业管理过程中进行辨识和管控。

（4）企业应采用合适的风险评估方法对变更实施后的潜在风险进行辨识和评估，可采用的评估方法包括但不限于：

a）检查表法（Check List）。

b）预先危险性分析（PHA）。

c）危险与可操作性分析（HAZOP）。

d）故障类型和影响分析（FMEA）。

e）综合评估法等方法或多种方法的组合。

变更预评估阶段可采用预先危险性分析方法进行评估风险：一般变更可采用安全检查表法，通过各个专业领域的设定引导词提示，进行风险辨识。重要变更可采用危险与可操作性分析（HAZOP）或故障类型和影响分析（FMEA），对工艺系统或设备进行系统性的风险辨识。管理变更可采用综合评估法，通过专家的意见确定风险因素，进而获得整体风险程度。

（5）变更实施后的风险评估应从变更带来的潜在后果严重性和引发后果的可能因素两方面开展：

a）后果的严重性应至少从以下三个因素进行评估：

（a）变更后系统中物质危害特性和数量。

（b）变更后系统内最严苛的工艺运行条件。

（c）变更后对系统运行以及工艺上下游的影响或相关设备运行的影响。

b）引发后果的可能因素至少从以下两个方面进行评估：

（a）变更是否增加了设备或系统的故障模式或故障点。

（b）变更是否破坏了原有保护层。

（6）进行风险评估的团队成员应包含变更涉及的相关人员，包括但不限于安全、工艺、设备、电仪、应急管理、设计人员，参加评估人员应具备一定的风险评估能力和工作经验，确保充分识别变更所带来的危害，充分评估风险，制定有效的风险控制措施，以及决策该变更的可行性。

（7）涉及安全仪表系统的联锁逻辑设定、硬件变更，应对该条安全仪表功能重新开展完整性评估。

（三）审批

（1）一般变更由设备或工艺主管部门负责人批准。

（2）重大变更由变更项目的主管部门提交风险评估报告，由主管领导批准。

（3）未批准的变更，也应将审批未通过的结论传达到变更申请单位。

（四）变更信息交流与更新

变更实施前，变更实施单位应将变更的目的、变更信息（如变更引起的工艺流程图、管线与仪表图、设备数据表、报警设置值等的改变信息）、变更可能产生的影响及相关要求告知各受影响单位。

（五）实施与投用

（1）变更经批准后方可实施。企业应根据变更实施过程中的风险分析情况，选择变更的实施方法，确定合适的变更实施时机。

（2）应严格按照变更审批确定的内容和范围实施变更，实施过程中要严格落实风险控制措施。

（3）涉及需在生产现场进行施工的设备设施变更或工艺流程变更的，企业应根据相关标准组织现场施工作业，并在施工作业结束后组织完工验收。

（4）紧急变更应在对变更可能产生的风险充分评估并采取有效控制措施的基础上实施。

（5）企业应对可能受变更影响的本企业人员、承包商、供应商、外来参观和学习等相关人员进行相应的培训和告知，培训内容可包括变更目的、作用、变更内容及操作方法、变更中可能的风险和影响、风险的管控措施、同类事故案例等。

（6）变更投用前，企业应当组织开展投用前的安全条件确认，安全条件具备后方可投用。安全条件的确认包括但不限于以下内容：

a）取得相关法律法规许可，如新增压力容器。

b）变更按既定方案实施的情况。

c）风险评估中的安全措施的落实情况。

d）相关人员接受培训和告知的情况。

e）现场设备设施安装与相关标准的符合情况。

（六）验收与关闭

（1）企业应对投用的变更进行验收，包括对变更与预期效果符合性的评估。

（2）企业应在变更投用具备验收条件时完成验收工作，重大变更由主管部门组织原评价小组相关人员进行验收，并保持记录。

（3）变更后的工艺、设备在投用前，应对变更影响或涉及的人员进行培训或沟通，培训内容包括变更的目的、作用、程序、变更内容、变更中可能的风险和影响。

（4）变更验收完毕后，企业应按管理权限报主管负责人审批后关闭变更。

（七）变更资料管理

（1）变更主管部门应及时对变更后的资料进行更新，如变更的工艺流程图、管线与仪表图、设备数据表、报警设置值以及操作与维修程序等，以保证变更资料的统一性和有效性。

（2）变更主管部门应妥善保存变更文件，包括所有变更申请、风险评估结果、相关的审查批准文件、评估风险的控制和解决方法等。

第八章

事故事件管理

事故事件管理是汽车加气站经营企业风险防控不可或缺的重要内容。一套运行良好的事故事件管理程序能够帮助企业从中吸取教训、举一反三，降低同类或相似事故事件再次发生的概率，从而全面提升企业的安全管理水平。

一、事故事件分类分级

事故事件应根据不同类别及造成后果的严重程度进行具体分类。分类依据主要参考标准《化工过程安全管理导则》（AQ/T 3034—2022）。

（一）事故事件分类

加气站安全生产事故既可按专业分为工艺事故事件、设备事故事件、电气事故事件、仪表事故事件及其他事故事件，也可按后果类型分为人身伤害事故事件、泄漏事故事件、火灾事故事件、爆炸事故事件、中毒事故事件。

（二）事故事件分级

根据生产安全事故（以下简称事故）造成的人员伤亡或者直接经济损失，分为“一般事故”“较大事故”“重大事故”以及“特别重大事故”。具体分类标准详见表 8－1。

表8-1　事故事件分级

单次事故发生下列情况之一的			
事故等级	死亡人数	重伤人数	直接经济损失
特别重大事故	30人以上	100人以上	1亿元以上
重大事故	10人以上30人以下	50人以上100人以下	5千万元以上1亿元以下
较大事故	3人以上10人以下	10人以上50人以下	1千万元以上5千万元以下
一般事故	3人以下	10人以下	1千万元以下

注：表中“以上”包括本数，“以下”不包括本数。

二、事故事件管理程序

事故事件管理程序主要分为七个必不可少的步骤：

（一）事故事件上报

事故发生后，事故现场有关人员应当立即向本单位负责人报告；单位负责人接到报告后，应当于1小时内向事故发生地县级以上人民政府安全生产监督管理部门和负有安全生产监督管理职责的有关部门报告。如事故伤亡等情况发生变化，应按要求进行事故续报。

1. 事故上报基本要求

（1）事故发生后，事故现场有关人员应当立即向本单位负责人报告。

（2）重大时间段、敏感时间段、节假日期间、重大活动期间，生产安全事故无论大小，应第一时间报告。

（3）自事故发生之日起30日内，事故造成的伤亡人数发生变化的，应当及时补报。道路交通事故、火灾事故自发生之日起7日内，因事故造成的伤亡人数发生变化的，应当及时补报。

（4）事故发生后，有关单位和人员应当妥善保护事故现场以及相关证据，任何单位和个人不得破坏事故现场、毁灭相关证据。

（5）未构成事故等级的安全生产事件，定期统一汇总报送至单位负责事故事件管理的部门。

2. 报告事故应当包括的内容

（1）事故发生单位概况。

（2）事故发生的时间、地点以及事故现场情况。

（3）事故的简要经过。

（4）事故已经造成或者可能造成的伤亡人数（包括下落不明的人数）和初步估计的直接经济损失。

（5）已经采取的措施。

（6）其他应当报告的情况。

（二）事故事件调查

事故发生后应按照科学严谨、依法依规、实事求是、注重实效的原则开展事故调查，并形成事故事件调查报告。

（1）调查组应由具备相关专业知识的人员和有调查及分析事故事件经验的人员组成，事件涉及承包商时应包括承包商员工。必要时可邀请外部专家参与调查以保证事故事件调查的客观公正性。

（2）有关单位和个人不得拒绝向事故调查组汇报与事故有关的情况，并有义务向事故调查组提供相关文件、资料。

（3）事故发生单位的负责人和有关人员在事故调查期间不得擅离职守，并应当随时接受事故调查组的询问，如实提供有关情况。

（4）事故事件调查完成后，调查组应编制事故事件调查报告，企业应及时对事故事件调查报告进行审查、批准。事故调查报告包括以下几方面内容：

a）前言。

b）事故相关单位情况。

c）现场环境及作业情况。

d）事故经过及应急处置情况。

e）人员伤亡、设备设施损毁情况。

f）事故原因和事故性质。

g）事故性质和责任认定。

h）事故责任单位和责任人的处理建议。

i）事故防范和整改措施建议。

（5）企业应保留事故事件调查记录，将事故事件调查结果登记备案并在企业内部公布。事故事件调查报告应至少保存三十年或永久保存。

（6）企业应当对未构成事故等级的生产安全事件进行调查，分析未遂事故发生的原因。

（三）事故处理

结合事故调查的结果，按照政府批复或者单位相关规章进行处理。负有事故责任的人员涉嫌犯罪的，依法追究刑事责任。

（1）对于发生的事故，应严格按照“四不放过”的原则进行事故调查和处理，制定的防范和整改措施应落实到岗位，并依据相关事故责任对事故单位相关责任人进行追责问责。

（2）事故发生单位应当按照负责事故调查的人民政府的批复，对本单位负有事故责任的人员进行处理。

（四）整改落实

事故发生单位应当严格落实防范和整改措施，防止事故再次发生。

（1）事故单位应根据事故原因制定针对性的整改措施，设定完成时间，由专人负责落实，防范和整改措施的落实情况应当接受工会和职工的监督。

（2）事故关闭后事故评估的重点评估内容包含但不限于：

a）事故单位落实事故防范和整改措施采取的具体举措以及意

见、工作成效。

b）树牢安全发展理念，健全安全生产责任制，吸取事故教训，举一反三加强安全生产工作情况。

c）对事故责任单位和责任人员处理意见。

（五）经验教训警示

发生事故单位要举一反三，认真吸取事故教训，形成事故预防长效机制。

（1）企业应及时公布事故事件调查结果，组织内部相关单位和人员开展分析、交流和培训，认真吸取事故事件经验教训。

（2）应重视外部事故事件信息的收集工作，认真吸取同行业、同类企业、同类装置的事故事件教训，防范类似事故事件发生。

（3）应充分挖掘未达到事故等级的安全生产事件所存在的安全风险与隐患，分析未遂事故发生的模式和趋势，严控事故发生。

（六）事故统计

企业应建立事故事件数据库，统计范围应包括公司内部员工和承包商人员涉及的达到事故等级的安全生产事故，以及未达到事故等级的安全生产事件。每半年对发生的事故事件进行统计分析，找出发生的规律，制定系统性的防范措施；发现管理体系存在缺陷和不足时，应及时对管理体系进行修正和完善。

（七）档案管理

应指定专人对事故调查处理资料进行收集归档并长期保存，事故归档材料包括：

（1）事故初步报告。

（2）事故登记表。

（3）事故分析会议记录。

（4）事故调查报告，批复处理文件。

（5）技术鉴定和试验报告及物证、人证材料。

(6) 直接和间接经济损失材料。

(7) 事故人员自述材料。

(8) 医疗部门对伤亡人员的诊断证明。

(9) 发生事故时的工艺条件、操作情况和设计资料。

(10) 处分决定和受处分人员的检查资料。

(11) 事故的通报、简报及文件。

(12) 事故整改报告。

第九章

典型事故案例与安全管理良好实践

在汽车加气站高需求发展的当下，其背后的安全问题不容小觑。以下梳理了国内汽车加气站相关典型事故案例及某企业安全管理良好实践案例，期望能为广大汽车加气站经营企业提供借鉴，助力企业安全、稳健前行。

一、典型事故案例

（一）“4·10”天然气运输车辆一般闪爆事故

2023年4月10日，陕西省延安市宝塔区川口镇党庄村强尧小组道路上发生了一起天然气运输车辆燃气闪爆一般事故，造成1人死亡，1人轻伤，直接经济损失310万元。

1. 事件经过

2023年2月初，非法装车点实际控制人彭某与强尧小组组长石某结识，随后商谈干气充装设备租用场地事宜。2月19日，石某召开强尧小组全体村民大会，征得村民代表同意后，石某与彭某口头约定场地租期为5个月，租金5000元。2月22日左右，彭某将干气充装压缩机等设备拉到川口镇党庄村强尧小组，开始布置场地。

3月10日，彭某私自将附近4个伴生气站（牛田寺伴生气站、刘渠伴生气站、罗家沟伴生气站、西尧沟伴生气站）排放到山上的废气私自用输气管线接到租赁场地。3月20日，彭某等人开始调试干气充装设备，于3月23日开始运营。

4月9日3时许，调度员姬某与朋友刘某联系到川口镇有CNG气源（即彭某刚开始运营的非法干气充装点），在未了解企业相关资质的情况下，打电话给车队长杨某，杨某指派司机郭某及押运员李某驾驶危险物品运输半挂车于当天22时许到达党庄村强尧小组小峁沟非法干气充装点，卸载集装箱后，空车返回本公司运送另一个集装箱。

行车记录仪后台监控数据显示，4月10日11时49分11秒，司机郭某和押运员李某驾驶车辆再次抵达非法充装点，并于13时18分59秒，将已经装载干气的集装箱运离充装点。当驶离非法装车点210 m左右，13时21分41秒，司机郭某将车停下（推测司机和押运员连通CNG储罐和车辆燃料罐进行加气操作），约5 min后即13时26分37秒，相继发生多次闪爆。发生闪爆后，司机郭某被气浪推向车辆后方并被弹飞的尾门压住，押运员李某被推向车辆右后方并滚落至山沟低洼处，8个车载CNG储气罐尾端密封失效，罐内高压燃气逐一高速喷出，导致多次闪爆并持续燃烧，致使司机死亡，押运员受伤，CNG车辆严重受损。

闪爆事故发生后，非法充装点人员听见爆炸声，发现有铁片飞到干气充装点场内，当时场内还存放气罐，出于逃生本能，5名工作人员跑向临近的后山躲避。事故车辆押运员李某被炸后出现短暂昏迷，15时15分许，押运员李某醒来后向延安市公安局110指挥中心报警。

2. 事故造成的人员伤亡和直接经济损失情况

（1）伤亡人员情况：此事故造成一人死亡（郭某），一人受伤（李某）。

（2）直接经济损失情况：据《企业职工伤亡事故经济损失统计标准》（GB 6721—1986）核定事故直接损失，包括人身伤亡后所支出的费用、善后处理费用、财产损失价值等，共计 310 万元。

3. 事故发生的原因和事故性质

1）事故直接原因

专家组通过现场查看、沟通询问，查阅文件，并调取信息数据资料，经综合分析推断认为，事故直接原因如下：

（1）CNG 槽车在驶入干气装车点时，司机已发现车辆燃料气瓶气量不足，要求干气充装点员工给车辆加气未果，装载 CNG 集装箱后，驶离干气充装点二百多米后停车，押运员协助司机用车辆装载的 CNG 储罐内高压天然气给车辆燃料气瓶加气，由于阀门打开过快引起加气管超压等原因，加气管松脱或爆裂，8 个装载 CNG 的高压储罐内的天然气依次猛烈喷出，短时间内与空气形成爆炸性混合气体，高压干气高速喷出后与管口以及干燥的空气摩擦产生静电集聚，随即发生静电放电，遂引发多次闪爆。

（2）发生闪爆后，司机被爆炸气浪和冲击波推向车辆后方并被弹飞的尾门压住，押运员被推向车辆右后方，滚落至山沟低洼处。多次闪爆和持续燃烧致使司机死亡，押运员滚落低洼处山沟受伤，CNG 车辆受损。

2）间接原因

（1）该公司安全管理存在问题：①企业日常安全管理及安全教育培训不到位，未对工人安全技术交底，导致司机和押运员安全意识淡薄，违规冒险作业。②企业安全责任制落实不严，审批程序流于形式，调度员和车队长在未了解气源是否有合规手续情况下，擅自以口头、电话方式调度危险化学品运输车辆。

（2）非法干气充装点的相关从业人员法律意识淡薄，私自将排放到山上的废气接到租赁场地，非法压缩 CNG，属非法运营。

（3）伴生气站安全责任落实不到位，巡查制度不完善，在日常巡查过程中未及时发现废气被私自接走。

（4）相关政府监管机构未能严格落实安全生产属地管理责任，镇政府日常安全检查和排查工作不到位，未及时发现非法干气充装点。

（5）相关政府监管机构在非法压缩经营危险化学品安全生产监管及伴生气乱拉乱接整治中督促、检查、排查工作不到位。

3）事故性质

经调查认定，“4·10”天然气运输车辆闪爆事故属于一般生产安全责任事故。

（二）天然气窜入配电室引发闪爆

1. 事故经过

2017 年 1 月 3 日凌晨，太原市某能源天然气有限公司松庄加气站，辅助安全员王某、巡检员刘某在站内值班。2 时 28 分，两人相继清场巡检至办公区域，王某先行进入控制室巡检后离开前往值班室。3 时 15 分，刘某进入配电室关闭位于配电室内的罩棚灯，关闸瞬间配电室发生爆燃，刘某面部、颈部烧伤，衣服着火，他脱掉工衣跑出配电室。王某听到响声立即从值班室冲出观察事故情况，两人用灭火器扑灭配电室明火，电话报告值班站长任某，拨打 119、120 报警，拉警戒线隔离，组织人员疏散。3 时 25 分，消防车抵达现场，险情被控制。

2. 事故伤亡及损失情况

加气站员工刘某轻度烧伤；配电室北墙坍塌，配电柜移位，经济损失约 4 万元。

3. 事故直接原因

加气站排污放散作业过程中的可燃气体经电缆套管进入配电室，由于配电室空间相对密闭，天然气逐渐积聚达到爆炸极限浓度（5% ~ 15%），当关闭灯闸瞬间，产生电火花，最终造成了闪爆事故。

4. 防范措施

（1）加气站埋地电缆管线必须按设计规范、标准、规程进行设计、施工，坚决杜绝可燃气体掩埋点电缆进入非防爆区域。

（2）经安全论证，可能积聚可燃气体的站房设施应安装固定式可燃气体报警器，报警控制器应安装在有人值守的站房内。

（3）放散时应确保天然气不通过埋地电缆管线窜入非防爆站房内部，必要时应使用移动式可燃气体探测仪测量放散口周边的可燃气浓度。

（三）复合气瓶质量不合格引起爆炸

1. 事故经过

2004 年 7 月 10 日下午 4 时 17 分，在成都市二环路南四段鲁能永丰加气站，八九辆出租车正在等待加气。一司机将出租车停放在距离其他车辆 10 m 远的空地上。加气站一工作人员刚从该车旁边经过，一声震耳欲聋的爆炸声突然响起，一股蘑菇云状黑烟从后备箱腾起，旁边一排楼房玻璃被炸碎，车身上的各种零件被炸向半空中，其中一扇车门飞出近 20 m 远。车前部与驾驶室也扭成了麻花状，一个天然气复合瓶被炸开，飞出近 30 m 远。

2. 事故伤亡及损失情况

该出租车司机当场死亡；另有一名出租车司机受轻伤；附近建筑物受到不同程度的损伤。

3. 事故直接原因

初步判定是出租车尾部的天然气复合瓶发生物理爆炸，系质量问题。

4. 防范措施

（1）严格检查使用复合材料天然气瓶的出租车年检证，天然气加气压力不得超过国家规定的 20 MPa。

（2）加气前应仔细检查气瓶外观有无裂纹、破损、变形等异常情况，一旦发现应停止加气。

（3）在加气期间，司乘人员必须下车到安全地点等待加气完毕。

（四）非法改装或使用液化气瓶引起爆炸

1. 事故经过

2009年3月14日14时许，在安徽淮南市大通区洛河天然气加气站，一辆出租车在加气过程中发生物理爆炸，车尾部分被炸碎，天然气气瓶由于爆炸的冲击力直冲向主驾驶座位。据车主自述，因为近期天然气紧张，他便在出租车原有一只气瓶的基础上，私自改装增加了一只家用液化气钢瓶，并将这只钢瓶放在尾部存放汽车备胎的位置，上面盖着毛毯。

2. 事故伤亡及损失情况

一辆出租车报废；周围几辆出租车不同程度地受到损坏。

3. 事故直接原因

液化气钢瓶的正常工作压力远远低于天然气瓶的工作压力，因此发生物理爆炸。

4. 防范措施

（1）针对私家车和出租车，发现加气金额或数量异常高时，应提高警惕。

（2）可以通过仔细检查或当面问询的方式来判断是否私自增加储气设备，一旦确定非法改装事实成立，则立即停止为其加气。

（五）天然气压缩机故障引起爆炸

1. 事故经过

2006年7月6日早晨，西安市丰禾路一加气站突发爆炸，火焰翻腾着冲出压缩机室的屋顶，一名正在值班的员工被大火吞噬。该站的天然气是从地下管道中抽取的，爆炸发生后，管道内的天然气从受损的压缩机气缸内喷涌而出，情况非常危险。十多分钟后，西安市公安局消防支队五中队派出的6辆消防车鸣笛赶来，破损的气缸阀门被紧急关闭。经过半个多小时的奋力抢救，火灾终被扑灭。

2. 事故伤亡及损失情况

一名值班员工死亡；压缩机室烧毁，相关设备报废。

3. 事故直接原因

天然气压缩机气缸冲顶（即气缸密封垫片破损），大量天然气从破损口高速喷出，产生的静电引发火灾爆炸。

4. 防范措施

（1）压缩机作为加气站的主要设备，应选用可信度高、业绩良好并且售后服务完善的厂家的产品。

（2）建立压缩机巡检制度，特别注意缸盖等部位有无异常或破损，包括缸盖螺丝是否有损坏或剪断的情况，发现问题必须立即停机，未彻底修复前不得重新开机。

（六）更换压力表导致天然气喷泄

1. 事故经过

2015 年 3 月 23 日 12 时，渝北区某加油加气站在从事天然气储气瓶压力表更换作业时，发生高压燃气（8 MPa）喷泄事故。

2. 事故伤亡及损失情况

少量天然气泄漏。

3. 事故直接原因

操作人员在储气瓶组针形阀未完全关闭的情况下，带压操作，违规实施更换储气瓶压力表作业，致使储气瓶内部高压天然气喷泄出来。

4. 防范措施

（1）明确针形阀开关限度的标准，如“顺时针旋转 3 圈打开阀门，逆时针旋转 3 圈关闭阀门”。

（2）彻底拧下压力表前应保留 3 ~ 4 个螺距的连接，确定没有天然气泄漏后，再完全拧下压力表。

（3）有条件时应优先选用带泄压功能的针形阀。

二、安全管理良好实践

（一）一线班组隐患和未遂事件自查自报奖励机制

如果能够及时消除隐患与未遂事件，就能够减少甚至避免重大事故的发生。某加气站管理公司基于此制定了一线班组隐患和未遂事件自查自报激励机制，即对于一线员工在日常巡检过程中发现的典型隐患和未遂事件，公司层面予以表彰或物质激励。当一线员工在日常运行或巡检过程中，发现隐患或未遂事件后，立即报告加气站负责人，并逐级报告至管理公司安全生产管理部门。安全生产管理部门人员对报告的隐患和未遂事件进行评估，按照隐患分级管理标准和未遂事件可能造成后果的严重程度进行分级。对一线人员提报的四级隐患采取50元/个激励，三级隐患采取100～200元/个激励，二级隐患采取500～1000元隐患激励，一级隐患采取不少于1000元的激励并进行表彰，在年底绩效评优中予以加分。

对于未遂事件，应根据后果的严重性，分析事件原因并评估改进措施的质量，分别给予100元、200元、500元和不少于1000元的激励并表彰，在年底绩效评优中予以加分。对于同一加气站因管理原因导致半年内重复出现的隐患和未遂事件，采取降低激励标准或不给予激励。对于一线员工上报的隐患和未遂事件，无论是否因为员工履职不到位的原因导致，都不对责任人进行问责，以此建立安全“无指责”的文化，来促进全员隐患排查和上报的质量提升。管理公司及时收集、归纳、总结和分析一线员工上报的隐患和未遂事件，查找问题原因，提出管理改善建议，并在日常检查中，重点排查一线员工上报的隐患和未遂事件的整改情况。发现整改不到位或典型隐患频繁发生的，可对加气站负责人采取处罚措施。

（二）加气站安全网格化管理

加气站建设和运营环节，涉及压力容器特种设备管理、电气线路管理、加气工艺和管线管理等，如果管理职责不清晰，责任界面不明确，可能导致管理责任不能有效落实，管理标准不能执行到位。为强化责任落实，某公司对加气站实施了安全网格化管理。安全网格化通过定格、定人、定责、定效的“四定措施”，实现现场标准化、技术专业化和行为规范化。

1. 定格

根据公司组织机构，划分为三级网格：一级网格为管理公司网格，二级网格为各运营区域网格，三级网格为各加气站网格。

2. 定人

一级管理公司网格：网格长为公司主要负责人，网格员包括分管工艺、设备、运营、安全的领导，工艺、设备、运营、安全管理部门负责人和各二级网格长。二级区域网格：网格长为区域负责人，网格员为工艺、设备、安全、运营专业人员和三级网格长。三级加气站网格：网格长为加气站负责人，网格员为加气站工作人员。

3. 定责

一级网格：对网格区域内安全生产负责，负责组织网格划分，组织制定网格管理方案、成员职责和考评办法，对网格人员履职进行检查和考评。

二级网格：对网格区域内专业安全负责，负责开展本专业工作，落实专业要求和安全管理措施，提供安全技术指导，分析网格专业问题，负责网格内规格化管理，开展网格内隐患排查及整改。

三级网格：执行落实管理公司安全生产的指令和要求，全面负责加气站的安全生产，切实履行本岗位安全生产职责，做好检查，及时发现并处置网格内设备或生产异常情况，确保设备设施完好及生产运行正常。

4. 定效

各网格设置网格管理 KPI 指标和评分细则，在各专业考核细则中明确责任到网格员，并对网格成员的各项工作按照既定规则进行量化考评。

5. 网格化管理效果

（1）现场标准化：对加气站现场的标识制定规范化的管理标准，如：岗位责任制和操作规程的上墙，阀门、管道的状态、流向标识；压力表、温度表的限位标识；检维修的上锁挂牌标识，配电柜内电气线路、开关标识等。

（2）技术专业化：坚持“管专业必须管安全”，让专业人员将工作重心下沉到一线，积极响应基层“炮火”召唤，避免运营、工艺、设备、安全线条之间责任不清晰，发生推诿、扯皮现象。对于一线单位提出的问题，专业线条提供支持，发挥服务职能，为一线排忧解难。

（3）行为规范化：依托公司内训师体系，形成主教练－区域助教－师父的培训师网络。主教练负责设计培训课程体系、编制学习地图和培训矩阵，组织完善培训课件，对区域助教进行培训能力的指导；区域助教负责制定本区域培训计划、对师父进行培训能力指导；师父负责对加气站新员工、操作人员、特种设备人员和管理人员分别开展针对性的培训工作。

（三）CNG 加气站应急处置卡

根据加气站的安全风险以及可能发生事故的不同场景，制定应急处置卡。相比于应急预案关注事故发生后的应急响应程序，应急处置卡能够更简洁明了地为一线人员提供应急处置的指引。某加气站针对可能发生的生产安全事故，制定了《增压系统、储气瓶组、储气井、气瓶车火灾应急处置卡》《加气车辆火灾应急处置卡》《加气机火灾应急处置卡》《加气车辆泄漏应急处置卡》《枪头漏气应急处置卡》等 11 个现场处置卡，并塑封成随身携带的卡片供员工学习。

（四）CNG 加气子站排污井加装缓冲罐

某加气子站运行期间，压缩机需要定期进行排污。由于排污管道带压，易造成油污四处喷溅，存在安全环保污染风险。某 CNG 加气子站针对此问题建立改善措施，在排污管出口处增设缓冲罐，以便更好地对油污进行收集、清理，如图 9－1 所示。

图 9－1　压缩机排污井内照片

附 录

术语和定义

附录一 缩 略 语

LNG Liquefied Natural Gas 液化天然气

CNG Compressed Natural Gas 压缩天然气

PHA Preliminary Hazard Analysis 预先危险性分析

FMEA Failure Mode and Effect Analysis 故障类型和影响分析

HAZOP Hazard and Operability Studies 危险与可操作性分析

QHSE Quality, Health, Safety, Environment 质量、健康、安全、环境管理体系

附录二 通 用 名 词

天然气 Natural Gas

以甲烷为主的复杂烃类混合物，通常也会有乙烷、丙烷和少量更重的烃类，以及若干不可燃气体，如氮气和二氧化碳。

液化天然气 Liquefied Natural Gas

一种低温液态流体，主要组分是甲烷，可能含有少量的乙烷、丙烷、丁烷、氮或通常存在于天然气中的其他组分。

压缩天然气 Compressed Natural Gas

主要成分为甲烷的压缩气体燃料。

加气站 Gas Fuelling Station

具有储气设施，使用加气机为机动车加注压缩天然气或液化天然气等车用燃气的场所。

LNG 加气站 LNG Fuelling Station

具有储气设施，使用加气机为机动车加注车用 LPG（液化石油气）、CNG 或 LNG 等车用燃气的场所。

CNG 加气站 CNG Fuelling Station

以压缩天然气形式向天然气汽车提供燃料的场所，一般分为 CNG 标准加气站、CNG 加气母站和 CNG 加气子站。

天然气预处理系统 Natural Gas Pretreatment System

将天然气进行脱硫、脱水、净化和干燥处理的系统。

天然气压缩系统 Natural Gas Compression System

将天然气压缩成高压气体的系统，主要由进气缓冲罐、压缩机主机、润滑系统、冷却系统组成。

天然气控制系统 Natural Gas Control System

控制加气站设备正常运转、监控设备运行参数，并在设备故障时自动报警或停机的系统。

附录三 术 语

危险源 Hazard

可能导致对人的生理、心理或认知状况的不利影响或对财产、环境造成损害的来源。

风险 Risk

不确定性的影响。

风险辨识 Risk Identification

风险辨识是指在风险事故发生之前，人们运用各种方法系统地、连续地认识所面临的各种风险以及分析风险事故发生的潜在原因。

事件 Incident

由工作引起的或在工作过程中发生的可能或已经导致人的生理、心理或认知状况的不利影响或对财产、环境造成损害的情况。

预先危险性分析 Preliminary Hazard Analysis

在设计的开始阶段，对系统存在的危险类别、出现条件、事故后果进行概略分析，尽可能评价出潜在的危险性的评价方法。

故障类型和影响分析 Failure Mode and Effect Analysis

将工作系统分割为子系统、设备或元件，逐个分析各自可能发生的故障类型及其产生的影响的评价方法。

危险与可操作性分析 Hazard and Operability Studies

以系统工程为基础，主要针对化工装置而开发的一种定性的危险性评价方法。

点火源 Ignition Source

使物质开始燃烧的外部热源。

主动消防设施 Active Fire Protection Facilities

能够自行检测、报警、灭火或控制火势发展的消防设备和系统。

消火栓系统 Fire Hydrant System

由供水设施、消火栓、配水管网和阀门等组成的系统。

火灾自动报警系统 Automatic Fire Alarm System

探测火灾早期特征、发出火灾报警信号，为人员疏散、防止火灾蔓延和启动自动灭火设备提供控制与指示的消防系统。

灭火器 Fire Extinguishers

由人操作，通过触发内部的压力装置将充装灭火剂喷出实施灭火的器具。

被动消防设施 Passive Fire Protection Facilities

提高或增强建筑构件或材料承受火灾破坏的能力，防止火灾扩大和增强疏散能力的消防设备和系统。

消防联动控制系统 Auto - control System for Fire Protection

火灾自动报警系统中，接收火灾报警控制器发出的火灾报警信号，按预设逻辑完成各项消防功能的控制系统。

参 考 文 献

[1] 中华人民共和国国家质量监督检验检疫总局，中国国家标准化管理委员会. GB 18047—2017 车用压缩天然气［S］. 北京：中国标准出版社，2017.

[2] 中华人民共和国国家质量监督检验检疫总局，中国国家标准化管理委员会. GB/T 20604—2006 天然气词汇［S］. 北京：中国标准出版社，2006.

[3] 中华人民共和国国家质量监督检验检疫总局，中国国家标准化管理委员会. GB/T 5907. 1—2014 消防词汇　第 1 部分：通用术语［S］. 北京：中国标准出版社，2014.

[4] 国家市场监督管理总局，中国国家标准化管理委员会. GB/T 45001—2020 职业健康安全管理体系——要求及使用指南［S］. 北京：中国标准出版社，2020.

[5] 国家市场监督管理总局，中国国家标准化管理委员会. GB/T 20368—2021 液化天然气（LNG）生产、储存和装运［S］. 北京：中国标准出版社，2021.

[6] 住房城乡建设部. GB 50156—2021 汽车加油加气加氢站技术标准［S］. 北京：计划出版社有限公司，2021.

[7] 住房城乡建设部. 建城规〔2023〕4 号 城镇燃气经营安全重大隐患判定标准［S］. 北京：住房城乡建设部，2023.

[8] 梁平. 天然气操作技术与安全管理［M］. 北京：化学工业出版社，2006.

[9] 李永康，马国祝. 消防安全技术实务［M］. 北京：机械工业出版社，2016.

[10] 徐志胜，姜学鹏. 安全系统工程［M］. 3 版. 北京：机械工业出版社，2019.